JN309080

「なぜ」から始める実践英文法
A New FAQ-Based English Grammar

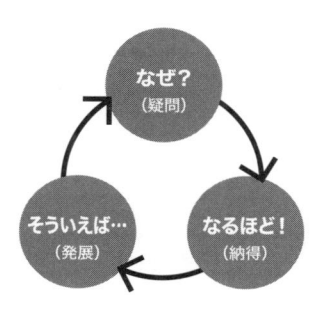

なぜ？（疑問）
なるほど！（納得）
そういえば…（発展）

阿部 一 著

研究社

はじめに

　現在、小・中・高等学校での「ゆとりある教育」の大幅な見直しが声高に叫ばれています。英語教育も例外ではありません。これまでの主流だった「コミュニケーション」重視の教え方から、もっと「文法」など基礎力を徹底して教えるべきだという先生方が次第に多くなってきました。

　しかし、文法が大事だといって、昔の「学校文法」にそのまま戻るのでは、あまりにも単純で、それではかつて批判されたような「日本人は細かい文法規則はよく知っているのに、ぜんぜん英語が使えない」ということになりかねません。

　では、私たちはいったいどうすればいいのでしょうか？　もし、私たちが英語やそれを使ったコミュニケーションをスムーズに行いたいとしたら、英語自体のインプットやアウトプットをどんどん図ることと並行して、「言葉に対しての感受性や感覚」を絶えず養っていくことが重要です。そこで、大人が英語を学習する際に、重要な核ともなる「英語の感覚」を効率よく身につけてもらうために、文法に関係した現象で、ふだん感じる「なんでなの？」という疑問を材料として使います。

　本書は、それらの「えっ、なぜ？　どうしてなの？」という疑問点を突破口に、「なぜならば」という疑問の解決を図るとともに、「そういえば、こんなこともあるよ。こんなこともあったよね」という発展や応用までを射程距離に入れた Q & A 方式の実践的な英文法書です。整理しますと、本書で行うことは、

1. 「なぜそうなのか？」という素朴だけれど突破口となる疑問を発し
2. 「ああ、なるほどそうなのか」という納得を得ることによって
3. 「そういえば、あれも同じ原理にもとづくんだ！」というそれらの背後にある原理の発展や応用を行いながら
4. 「こんな言い方はどうだろう？ 他にも"なぜ"はないかなあ？」という意識を絶えず持ちながら、学んだ英語を実践的に使用したり、感覚をみがいていく（そして、また1に戻っての疑問解決を図る）

ということです。

　これらの一連の流れの中で、最後のふたつは学習者ひとりひとりが実践することですが、このあたりの工夫と感性が、いわばその学習者が編み出す実践的な英語上達のための「学習ストラテジー」といえるものでしょう。そして、これらはふだんの学習で一種のサイクルのように展開して、次第に高まっていくものといえます。

　本書はこのような方針のもと、みなさんの日頃の英語の疑問にできるだけ多くお答えしつつも、いずれはみなさんがひとり立ちして、ご自分で疑問を感じられ、ご自分で解決・発展されるような「力」を何とかつけていただけるように編まれたものです。そのため、できるだけコーパス（言語データ）からの生きた英語の用例をあげることによって、みなさんの「英語の感覚」にみがきをかけていただき、さらにそれを発展させていただきたいと思っています。

　本書で取り上げているコーパスは、筆者の研究所で蓄積・増殖しているERIコーパスと呼ばれるものの一部で、特に今回はその中から別表のようなアメリカの日常英語コーパスを中心に使用しました。

　また、本書は『基本英単語の意味とイメージ』（1993）と『ダイ

はじめに

ナミック英文法』(1998) に続くもので、今回は文字通りの FAQ's (Frequently Asked Questions) 編ということになります。今回も企画の段階からこれまでと同じように、編集部の杉本義則さんには大変お世話になりました。厚くお礼申し上げます。

2007 年 4 月

　　　　　　　　　　　　　　　　　　　　阿 部　一

● ERI コーパス

話し言葉 **(日常会話)** **コーパス**	アメリカ中西部での食卓の会話	全12種類の単語・熟語・連語分析、機能・ストラテジー分析、例文データベース。約12万語
	アメリカ東部での商談の会話	全8種類の単語・熟語・連語分析、機能・ストラテジー分析、例文データベース。約8万語
	アメリカ映画・TVドラマの会話	全144種類の単語・熟語・連語分析、機能・ストラテジー分析、例文データベース。約150万語
書き言葉 **(日常文書)** **コーパス**	アメリカ国内で発行された新聞・雑誌	全185種類の単語・熟語・連語分析、機能・ストラテジー分析、例文データベース。約200万語
	アメリカ国内で発行されたカタログやパンフ	全651種類の単語・熟語・連語分析、機能・ストラテジー分析、例文データベース。約28万語
	英米のビジネス通信文及び公用文	全1490種類の単語・熟語・連語分析、機能・ストラテジー分析、例文データベース。約388万語

(今回、本文では、この日常生活のコーパスを話し言葉、書き言葉ともに、典型なアメリカ人の家族が日常接する状況で使われる英語100万語に絞ったものを、ベースにしている)

CONTENTS

Part 1　冠　詞

- an apple はどんなイメージか？ 2
- play piano といえるか？ 4
- play *the* violin と play baseball 6
- listen to *the* radio と watch TV 8
- As *a* proverb says, ... はなぜおかしいか？ 10
- take *a* wrong train はなぜ変か？ 12
- a と one, the と that の関係は？ 14

Part 2　名　詞

- a silence といえるか？ 18
- evidence は数えられるか？ 20
- 無冠詞の examination の意味は？ 22
- 「私たちはふたごです」は We are twin. でいいか？ 24
- 「詩」は poem か poetry か？ 26
- 「家」は house か home か？ 28
- 「旅行」は travel か trip か？ 30
- 「心」は mind か heart か？ 32

Part 3　代名詞

- this と that と it 36
- that はリード役？ 38

- 「誰でも」は anyone か？ 40
- 疑問詞と関係代名詞の which 42
- 疑問詞と関係代名詞の who 44
- 「あそこ」の there と There is 構文の関係 46

Part 4　動　詞

- 動詞の文型 50
- begin と start 52
- arrive と reach と get to 54
- get を使った表現 56
- want は「必要がある」？ 58
- remember は「覚える」か「思い出す」か？ 60
- 「置く」は put か？ 62
- help のあとの不定詞に to はいらない？ 64
- have と make と get 66
- see と look 68
- 「味がする」と「味わう」 70
- hear と hear of 72
- 「(出さなかった)手紙を書く」は？ 74
- find の構文 76
- load の構文 78
- 「瓶ビールを飲む」場合 80
- wound と hurt と injure 82
- 「座る」は sit か sit down か？ 84
- 「登る」は climb か climb up か？ 86
- expect の意外な意味 88
- I want のニュアンス 90
- clear は何を「片づける」？ 92

CONTENTS

- 「間違っている」は mistake か？ 94

Part 5 準動詞・時制

- 不定詞・分詞・動名詞 98
- to 不定詞と動詞-ing はどう違うのか？ 100
- have gone to と have been to 102
- 現在完了形と過去形 104
- なぜ仮定法では現在のことに過去形を使うのか？ 106
- I was wondering if 〜 と I wonder if 〜 108

Part 6 助動詞

- 丁寧さを示す would と could 112
- used to と be used to 114
- should と ought to 116

Part 7 形容詞

- 「(給料が)安い」は cheap か？ 120
- 「面白い」は interesting か？ 122
- 「地方」は local か？ 124
- 「都合がいい」は convenient か？ 126
- 「静かに！」は Quiet! か？ 128
- 限定用法と叙述用法はどう違うのか？ 130
- I'm afraid *if* . . . といえるか？ 132
- no more than と not more than 134
- no more 〜 than . . . の意味と使い方 136

Part 8 副　詞

- almost と always 140

- so 〜 that . . . の意味と使い方 142
- at last と after all 144

Part 9　前置詞

- 「床の穴」は a hole *on* the floor か？ 148
- 「〜に関する（講義）」は about 〜 か on 〜 か？ 150
- On 〜ing は「〜するとすぐに」か？ 152
- 「テーブルの足」は the table's leg か？ 154
- 「〜の上空」は over 〜 か above 〜 か？ 156
- since は「〜から」か「〜なので」か 158
- 「車で」は by a car か？ 160
- 受動態になぜ by を使うのか？ 162
- be satisfied *by* はおかしいか？ 164
- 「1 週間以内に」は in a week か？ 166
- 「毎日毎日」は day by day か？ 168
- 「〜にちなんで（名づける）」になぜ after を使うのか？ 170
- 「過労で風邪をひく」は？ 172
- die *from* 〜 と die *of* 〜 174
- 「ナウい」in と「ダサい」out 176
- 「ナイフで指を切る」は？ 178
- among と between 180
- 「机に寄りかかる」は？ 182
- 「木にぶつかる」は？ 184
- 「川へ泳ぎに行く」は？ 186

索　　引 189

Part 1

冠 詞

● an apple はどんなイメージか？

Q. 冠詞の使い方がよくわからなくて困っています。数えられる名詞に a をつけるといいますが、例外も多いですよね。ある本では、a をつけるかどうかは使う人の気持ちが重要とありましたが、いまひとつよくわかりません。

A. 冠詞は、頭の中に何をイメージするかに左右されます。冠詞をつける、つけないによって、指すものが微妙に違ってくることにまず気づくことが大切です。たとえば英語圏の人は、目の前にリンゴが 1 個あればふつう an apple といいますし、an apple と聞けば一様に同じ情景を思い浮かべます。

しかし、リンゴが切られてお皿に盛られていたり、絞られてジュースになっていれば、同じリンゴでももはや an apple とは表現できません。a / an という記号が要求する「個」としての形がないからです。しかし、あくまでリンゴであることに変わりはありませんので、冠詞をつけないで apple といい表すことはできます。この原則を応用すると、次の英文ではどちらに a / an を入れればいいでしょうか。

1. I noticed everyone in the family eating (　　　) watermelon.（家族全員がスイカを食べているのを目にした）
2. In winter, (　　　) watermelon costs several thousand yen!（冬はスイカが 1 個数千円もする）

そうです。正解は 2 の文です。すなわち、1 では「切ったスイカの一部分」を食べているので a がつきませんが、2 の文のように果物屋で買うときは、原則として 1 個単位で買いますから a がつきます。もし 1 で a をつけてしまうと、家族ひとりひとりが 1 個の

Part 1 冠　詞

スイカをそれぞれ丸ごと食べているという異様な（?）情景になってしまいます。

　では、ここで冠詞の知識をより発展させるためにひとつクイズをやってみましょう。いま、メアリーとジェーンが自己紹介しているとします。まず、メアリーは Hi, everyone. My name is Mary. といい、そのあと連れて来たかわいい子どもを指して、I *have a child*. といいました。次に、ジェーンが Hi, everyone. My name is Jane. といい、そのあとにっこり笑って、I *have child*. といいました。でも、どこを見ても子どもの姿は見えません。一体どういうことでしょう？

　わかりますか。これまで説明しましたように、無冠詞だと「まだ個として出ていない(子ども)」ということになります。つまり、「おなかの中にいる」、「妊娠している」ということなのです。ちなみに、この表現は日常割とよく使われており、ときに I *have child* here. とわざとお腹を指していったりします。ただし、「妊娠している」という表現で最もよく使われているのは、I am pregnant. か I am expecting. です（p. 88 も参照してください）。

an apple　　　apple

● play piano といえるか？

> **Q.**「ピアノを弾く」は play *the* piano のように楽器には必ず the をつけて使うと習いましたが、先日、英字新聞で play piano と the のついていない例を見つけました。これはミスプリなんでしょうか。また、play *a* piano とは絶対にいえないのでしょうか。

A. いいえ、play piano は正しい使われ方です。では、the のあるなしで一体何が違うのかを、ここで説明しましょう。また、play a piano についても考えてみましょう。これらの説明がわかれば、英語の冠詞と名詞の関係がよく見えるようになります。

まず、楽器というのは、どのようなものでも具体的な物(体)として存在します。ピアノも手で触ることができる具体的な物(体)であり、1台であれば当然のこととして、a piano ということになります。しかし、もし同じピアノといっても「音楽学校でピアノ科を専攻する」というように抽象的な場合には major in piano であり、そうした意味での「ピアノを弾く」なら play piano と無冠詞で使われることになります。つまり、具体的なピアノを指しているか、それともその音色やピアノ曲など抽象的なものを指しているのかの違いだというのが、まず第一のポイントです。

では、「アリエールはピアノを弾きます」をこの形式の英語でいうと、どのようになるでしょう。考えられるのは次のようなものです。

Ariel *plays the piano*.
Ariel *plays piano*.
Ariel *plays a piano*.
Ariel *plays pianos*.
Ariel *plays the pianos*.

Part 1　冠　詞

　理屈の上からはこれらのいずれもが可能だということになり、そのため具体的な楽器を指すのなら冠詞 a をつけて、「ピアノを弾く」は play a piano でもよいということになります。しかし、もし突然に I *play a piano*. といえば、相手は A piano? と一瞬、間があって、What kind of piano do you play? というような質問をしてくるかもしれません。何か特別な種類のピアノを弾いているのに違いないという思いが、play a piano からは引き出されるからです。

　もちろん、そのような状況や特別にそう意識したときはそれでいいのですが、いずれにしても特殊な表現であり、一般的なものではありません。そこで、日常会話で「ピアノを弾く」という場合は、play the piano と the piano の形を使うのが一般的です。この the によって、「あなたもご存知のいわゆるピアノ（総称としてのピアノ＝ピアノというもの）」という意味合いが出てくるからです。

　総称としての意味は一般に複数形でも表せますが、この場合は I play pianos. だといろいろなピアノを演奏するという意味になってしまい、あまり都合がよくありません。やはり、かなり特殊な使われ方ということになります。ただし、主語が複数形の場合には、それに合わせて次のように pianos とすることもあります。

　　What type of people own pianos who don't even *play pianos*?（ピアノを弾くことさえしないのにピアノを保有する人って、一体どんな人たちなんだい？）

　ましてや、play the pianos となると、「（どこかにある）全部のピアノを弾く」ということですから、その使われ方もほぼピアノ屋さんや調律師くらいに限られるでしょう。

● **play *the* violin と play baseball**

Q. 楽器を弾くのは play the violin のように the をつけると習ったのですが、「野球をする」は play baseball のように the をつけないのは、なぜですか。

A. 確かに英語学習の初歩の段階で必ず出てくる項目のひとつに、この「楽器」と「スポーツ」があります。無冠詞か the をつけるかに統一してくれれば覚えやすいのにというのが質問者の意図だと思いますが、ここで大事な点が見過ごされています。というより、この問題をきちんと理解できれば英語というものがよく見えるようになってきます。

まず、大切なことは質問者がいっている「楽器には the をつける」というのが絶対かどうかということです。前項でも触れましたように、原則として the をつけて使われるというのは事実ですが、絶対ではありません。実は無冠詞の play violin という使われ方もけっこう多いのです（コーパス上の割合は the つきの 60% に対して、なしが 35% です）。大事なことは、the の場合と無冠詞の場合の違いをきちんと理解しておくことです。

繰り返しになりますが、楽器そのものにこだわるときはあくまで the であれ a であれ冠詞をつけます。楽器そのものを指したり、楽器を弾くという意識が優先されるからです。しかし、「バイオリンという楽器で弾く曲やバイオリンのすばらしい音色」というその楽器で行われる本来の機能を意識すれば、もはや楽器ではなく抽象的な音楽のほうに中心が移りますから、当然、抽象的なものとして無冠詞が合っていますし、バンドなどで担当パートを意識するときも無冠詞で使われます。

スポーツの場合もこれとまったく同じと考えられます。たとえば、

> Part 1　冠　詞

いまここに野球のボールがあればそれは a baseball であり、次のように使われます。

> Well, I have *a baseball* and a couple of bats in my sports bag. (えーと、野球のボール1個とバット2本、バッグに入れているけど)

でも、それを使ってやるゲームとしての野球を指すとなると、やはり抽象的なものとして無冠詞の baseball が合っています。

> *Baseball* is the national pastime of the United States. (野球はアメリカの娯楽だ)

ですから、野球を始めるときに、アンパイアが Play ball! を Play *a* ball! といえば、野球というゲームをするのでなく、具体的な1個のボールをみんなでじゃれて遊ぶ感じで、まったく野球というルールは無視されてしまうわけです。

実はこの考え方は、go to school や go to church などにも適用されて、無冠詞だから「学校というところへ生徒が行っておこなうもの」=「授業」、「教会というところへ人々が行っておこなうもの」=「礼拝」のようになるわけです。もし、go to the [a] school や go to the [a] church となると、それらの目的ではなく、建物そのものに意識が行ってしまい、別に授業や礼拝などとは結びつかないイメージが出てくるというわけです。

なお、冠詞をつけて使う場合、the は特定の学校や教会などの建物を指すことはわかりますが、a の場合には一体どこの学校か教会なのか情報がはっきりせず、前項の a piano と同様、不安定な英文になってしまいます。ですから、a school *in the north* (北にある学校)や an *old Presbyterian* school (歴史のある長老派教会系の学校)のように情報を補足する必要があります。

● listen to *the* radio と watch TV

Q. 「ラジオを聞く」は listen to the radio で、「テレビを見る」は watch TV となるのはどうしてですか。

A. 基本的にはラジオは物であり、listen to は、物体としてのラジオのほうに耳を傾けるという意味だからだといえます。音が出るもののほうに耳を傾ければその音が聞こえてくるという推論から、listen to *the radio* だと「ラジオ番組を聞く」という意味になります。listen to *a radio* だと「あるひとつのラジオ」という意味が強くなり、What kind of radio do you listen to? という質問が誘発されてしまいかねないため、the radio になるわけです。その意味では、無線で通信を受けるという場合には、物そのものでなく、ヘッドホンやイヤホンで聞く「通信」に焦点がいきますから、get a message by radio のように無冠詞となる点は興味深いところです。

では、コーパス上はどうでしょう。listen to the radio の結果は日常生活の英語で 100 万語あたり 4521 件と、やはり非常によく使われている表現だということがわかります。具体例を見てみましょう。

> "Greg, do you *listen to the radio* while you work?" I asked him, and he answered with a smile, "I used to, but not now."(「グレッグ、働きながらラジオを聴いているの？」と聞いたら、彼は笑いながら「昔はね、でもいまは違うよ」)

無冠詞の listen to radio はさすがに見つからず、listen to radio のつながりでも、その場合には圧倒的に listen *to Radio 10* のようにラジオの局や番組を指すものでした。これは意外と多く 4735

Part 1　冠　詞

件に達しています。特に、英国で好んで使われる表現のようです。

　listen to the radio のように物としての性質が強く、個体として取り出すことができる場合で、一般的な記述を行いたいときは、「the + 名詞」の形を用います。You're wanted on *the phone*.（電話だよ）や We talked about the problem over *the phone*.（その問題について電話で話した）のように、電話も物としての電話が問題になるので the phone といいます。

　一方、テレビを見る場合、watch the TV にすると、「物としてのテレビの箱をずっと観察する」という意味合いになってしまいます。watch の対象は画面上の番組そのものですから、テレビは無冠詞のままで使わないと逆に混乱してしまいかねません。a drama *on the radio* だと、ラジオというメディアに乗って送られてくるドラマ、a drama *on TV* だと、テレビの画面に映るドラマといった意味合いになります。

listen to the radio　　　watch TV

● **As *a* proverb says, ... はなぜおかしいか？**

Q. 「ほら、ことわざでいうでしょ ...」というつもりで、As a proverb says, ... といったところ、a proverb はだめで、この場合 the proverb が適切な表現といわれました。私は「あることわざ」というつもりで a proverb といったのですが、そういう意味でもやはりだめなのですか。

A. 「ことわざにいうように」という表現は具体的な特定のことわざを次に出す意図を持っているので、その特定（指定）を意味する the をつけて、As *the proverb* says, ... のように必ず定冠詞をつけて使われます。これは同じように「（有名な）ことわざにいわく」も、やはり *The proverb* says [goes] ... のようになります。

もっとも、自分がたくさんのことわざを知っているときは、I know lots of proverbs. でいいですし、そのあとに For example, ... として具体的なことわざを並べていくことはもちろんできます。また、そういうことわざがけっこうあって、あくまでそれらのことわざの中の1つとしてあるよ、と紹介する感じでいう場合には、There is *a proverb* saying ... のように不定冠詞 a をつけるのがふつうです。要は、状況からそれが決定的なもの（もしくは唯一のもの）か、それとも同じものがけっこうあって単にそのひとつに触れたということなのかという判断が重要なのです。この点では、tell とよく一緒に使われる「本当のことをいう」と「うそをつく」の比較も参考になります。

次の空所には a か the のどちらを入れればいいでしょうか。

1. Please tell us (　　　) truth, (　　　) whole truth, nothing but (　　　) truth.

Part 1　冠　詞

2. He told us (　　) lie. He said it's (　　) white lie, but anyway he lied.

　おわかりになりますか。意味は 1 が「どうぞ、われわれに真実を、真実すべてを、そして真実のみを述べてください」ということで、裁判所の証人や公聴会などの参考人などが左手を聖書に置いて、右手をあげて宣誓するときの決まった表現です。正解はすべて the が入ることになります。それほど真実は限定された一定のものしかないという意識の現れでしょう。

　2 は「彼は私たちにウソをついた。別に害のないウソだよっていったけど、とにかくウソをついたんだ」という内容で、ここでは a が入ることになります。ウソにも害のあるウソと害のないウソがあるということから、不特定多数の中から任意に取り出すときにピッタリの不定冠詞 a が使われることになります。

　最後に、ことわざといえば、英米の日常生活でもよく使われれるものがありますが、日常会話コーパスの中でその代表にあがったものは、**Talk of the devil, and he will appear.**（噂をすれば影）です。ほとんどの場合、**Talk of the devil, . . .** と、前半だけが使われるという特徴があります。具体的にいいますと、ある人について何人かで噂話をしている最中に、何も知らない本人がそこに現れたような場合です。話をしていた人が、**Talk of the devil, . . . see?**（噂をすれば . . . ほら、ね？）のように、**see** を付け加えることが多く見られます。

● **take *a* wrong train はなぜ変か？**

Q. 「間違った列車に乗ってしまった」という内容を英語でI took a wrong train. といったら、この場合、a wrong train は変だといわれました。でも、なぜだめなのかよくわかりません。

A. 「間違った」という意味の形容詞の wrong は普通、定冠詞 the と一緒に使われるのが一般的です。これは間違えているという特定のものを指定するからです。たとえば、他の例でも電話の場合に「番号が間違っています」は、This is *the wrong number.* や You've got *the wrong number.* ですし、「道を間違えていますよ」は、You're going *the wrong way.* というわけです。さらに、「あなたは間違った(または、悪い)ときにそこへ行かれたわけです」なら、You went there at *the wrong time* (of the year). となります。wrong の反対の right も、You are here at *the right time* (of the year). (いいときにいらっしゃいました) のように使います。

映画の『ダイ・ハード2』(*Die Hard 2*) の中に次のようなせりふが出てきますが、このような表現も上で述べたような意識からすべて the が使われています。

> Grant: This time you're *the wrong guy* in *the wrong place* at *the wrong time*!
> McClane: The story of my life.
> (G: 今回はお前は間違った時間に間違った場所にいた間違えたやつってわけだ。
> 　M: そういう宿命なんでね)

このあたりは英語の母語話者は TPO に応じてうまく使い分けができますが、どうしても外国人、とりわけ日本人にはわかりづらい

Part 1　冠　詞

ところなので、英語力のある人でもうっかりすると間違えてしまいます。たとえば、外国からのお客さんに電車を間違えないように案内した英文には、次のように出ています。どこがおかしいかわかりますか。

> If you prefer the bus, take a limousine bus to Yokohama or Ofuna Station. If you take a wrong train, ask the conductor where to get off and change trains. The train system in Japan is so efficient and busy to midnight.（もしバスのほうがいいのでしたら、横浜か大船駅に行くリムジンバスに乗ってください。もし間違った列車に乗ったのなら、車掌にどこで降りて乗り換えればいいかを聞いてください。日本の鉄道はとっても効率がよく真夜中までやっています）

もちろん、「乗り間違える」の take a wrong train が take the wrong train になるのですね。ついでですが、この英文には微妙な日本人英語の誤りが散見されます。まず、最初の the bus は the bus system の意味で使っているのでしょうが、やはり単純に a bus のほうが普通です。それと、If you take 〜 は「もしも間違えたら」という仮定ですから、If you took 〜 としたほうがいいでしょう。

You've got the wrong number.

● a と one, the と that の関係は？

Q. 不定冠詞 a と定冠詞 the には、何か歴史的な面白さがあると聞きましたが、どうなのでしょうか。

A. 日本人には実に使い分けが難しいとされる a や the などの冠詞ですが、実は意外と面白い逸話がその裏側に隠されており、それらを理解することですんなりと使い分けがわかることも多いのです。a は子音で始まる語の前で使われ、母音の場合には an が使われるとされますが、歴史的に見ますと、one → an → a という経過で変わってきたものなのです。意識して強く one と発音すれば「1つ」という数を強調しており、数というより同じものが数多くあり、そこから任意に 1 つ取り出せばというときには an が使われていたのが、より弱くなって母音以外はすべて a と発音され綴られるようになったものなのです。

　そのため、理屈の上では、1 冊の本があった場合、I have *one book*. でも I have *a book*. でも同じに見えますが、日常使われるときには状況やニュアンスがかなり違ってきます。一般的に 1 冊の本がある場合には、必ず後者の I have a book. を使います。こちらがふつうの表現というわけです。たくさんある books の中から任意のものを取り出したイメージですから、別に意識しないで使われるわけです。

　しかし、もしこれを I have one book. といいますと、「1 冊の本」というのをことさらに強調して意識していっていることになりますから、いわれる側はそこに何らかの意味や意図をくみ取ることになります。それは、「もうその本しかない」のか「記念のある本」なのか、場面がないとはっきりしませんが、いずれにしても何らかの伝えたい意図があることになるわけです。

Part 1　冠　詞

　一方、同じように、the もふつうは弱く発音されますが、こちらももともとは that の意味で何かを指すのに使われたものです。しかし、現在では特別な場合を除いて、「例のあれ」とわかれば軽く the をつけることになったものです。意識して指すときは that を使うのが原則ですが、よく the を強調して[ズィー]のようにも発音するのは、あくまで独立した「指示」を意味する that までは大げさで使いたくないというときの策なわけです。

　ちなみに、次のふたつの英文は the と that だけの違いですが、会話で使われたときの、感情的なニュアンスの違いがおわかりになるでしょうか。

　　1.　Close *the* window, will you?
　　2.　Close *that* window, will you?

　1 は、その部屋にある特定の(ふつうは 1 つの)窓が開いているので、何らかの理由で(たとえば、寒かったり、外がうるさかったりするので)「窓を閉めて欲しい」ときの通常の言い方です。それに対して、2 は開いている窓を意識しており、そのためかなり感情的に腹を立てているような状況に合っています。日本語でいいますと、「ちゃんと聞いてんのか、窓を閉めろっていってんだよ」というような感じに響くわけです。たとえば、1 を一、二度いっても相手が行動しないので、しびれを切らして大声で窓を指さしながらいうような感じになります。ですから、そのような意図がないのに乱用することは注意しなくてはいけません。そのあたりはわれわれ外国人の学習者にはなかなか習得しにくいところです。

Part 2

名　詞

● **a silence といえるか？**

Q. 次の文はどんな点で意味が違うか、よくわからないのですが。
1. There is *silence* all around the place.
2. There is *the silence* all around the place.
3. There is *a silence* all around the place.

A. 基本的に silence はイメージ的にもわかりますように、数えられない名詞です。そのため、沈黙や無言の状態は silence と冠詞なしで使われます。たとえば、黙って女性の身の上話を聞いている状態なら、listen to her in silence のように表現します。「漠然とあたりに沈黙がある中で」という感じでしょうか。つまり、何となく沈黙が漂っている状態を表現するのなら、上の1がぴったりします。しかし、この漠然とした沈黙も「そこに現にある沈黙」、たとえば「そこの参加者の間にある沈黙」や「誰かが作った沈黙」など限定感が感じられるときは、the silence と the で特定化し限定感を出すわけです。具体的には「沈黙を守る」や「沈黙を破る」は、先ほどのように限定感がなく漠然と守ったり、破ったりという気持ちなら keep silence であり、break silence ですが、そこでとか自分たちの間でという限定された気持ちなら keep the silence であり、break the silence であるというわけです。

では、a silence と冠詞 a をつけることはどうでしょう？ 先ほどもいいましたように、原則として silence 自体はそのままでは数えにくい名詞ですので、いきなり何の前提もなしに There is *a silence* all around the place. といえば、相手はイメージ化がスムーズにいかないので戸惑うことでしょう。しかし、「お互いの間に生じたちょっとした短い沈黙」のように具体的で個別感が感じられる状況になれば、There is *a short silence* between us. のように a が

Part 2 名　詞

つけられることになります。これは silence だけでなく、たとえば breakfast のようなものにも、同じように当てはまります。

　空所に必要なら a を入れてみてください。

1. We had (　　　) breakfast early in the morning.
2. I usually have (　　　) small breakfast.

　1 の英文は、習慣としての抽象的な朝食ですから、無冠詞ですね。意味は「朝早く朝食を食べた」ということです。2 の文は「軽い朝食」ということで、品数や量などの具体的なイメージが出てきますので、a がつきます。つまり、a をつけることで、より具体的な軽い朝食の絵が描けるというわけです。

　では、もうひとつちょっと変わった名詞を取り上げてみましょう。次の fire はどうでしょう？　いま、みんなで無人島でテント生活をしようということになりました。さっそく、「火を起こそう」ということになり、K 君が指名されました。「火の起こし方なんて知りませんよ」ということを英語でいう場合、次のどちらが合っているでしょうか。

　I don't know how to (make fire / make a fire).

　もうおわかりですね。具体的にそこで「1 つの火」を起こすわけですから、make a fire が正解になります。

● evidence は数えられるか？

Q. 「彼が一番の容疑者であることを証明する証拠があるよ」ということをいいたいとき、次のどの言い方が合っているか教えてください。
1. There is *an evidence* to show that he is a prime suspect.
2. There is *evidence* to show that he is a prime suspect.
3. There is *the evidence* to show that he is a prime suspect.
4. There are *evidences* to show that he is a prime suspect.

A. 「証拠」を意味する evidence は、proof と同様に、数えられない名詞として用いられるのが原則です。ですから、一般には 2 が使われ、ときに 3 が使われます。したがって、「～という証拠(または、証明)」は、evidence that ～, proof that ～ のようになります。考え方としては evidence や proof はそれぞれ evident なものや prove できるものを集めた集合体、すなわちまとまったものだと考えられます。ですから、具体的で部分的なものは、a strong piece of evidence（強力な一片の証拠）のように a piece of ～ を使うことになります。この原則は、このタイプの名詞の代表である information と同じです。具体的な使われ方を警察官が使っている英語で見てみましょう。

OK, now, start our investigation by examining *the evidence*. (じゃあ、まず証拠を調べることから調査を開始しましょう)

Part 2　名　詞

Let's review the different *pieces of evidence*.（ほかの証拠も
もう一度調べましょう）

　これらの名詞のとらえ方は抽象名詞だけでなく、具体的な furniture（家具）や baggage（手荷物）などにも当然適用されます。その場合大切なことは、とにかく「まとまっていて、通常はばらばらには使わないもの」という原則が強力に働いていることです。たとえば、「大きな家具が 3 つある」といった言い方は日本語ではごくふつうですが、英語ではそのまま three furnitures のような言い方はできません。家具というまとまりの中での「3 つの部分」ととらえて、three pieces of furniture のようにいうか、「3 つの項目」ととらえて、three articles of furniture のようにいうわけです。

　実際の用例を 1 つ見てみましょう。

The Museum of Decorative Arts and Musical Instruments contains *600 pieces of furniture* from the 15th to the 18th centuries.（装飾美術品・楽器美術館には 15 世紀から 18 世紀までの 600 にものぼる家具がある）

　ただし、このような文法ルールは絶対的なものではなく、というよりも、日常生活の中での「使いやすさ」や「便利さ」が優先することも結構あり、この furniture も家具の専門業者が仲間うちで家具のタイプや種類などを話し合うときは、three furnitures のように使うことはあるようです。同じことは、やはり数えられない名詞の代表である chalk などにも当てはまり、文房具の業者同士や学校内というように限定された状況では、いちいち a piece of chalk とはいわずに、a chalk や chalks などが使われることがあります。誤解されない状況なら暗黙の了解で余分な部分は削るという「経済性の原則」は、こんなところにも生きているようです。

● 無冠詞の examination の意味は？

Q. 次の英文の意味はどれになるか、教えてください。
On examination, Jim turned out to be a con man.
1. 試験を受けたジムは身代わりだった。
2. 調べてみるとジムは詐欺師であった。
3. 試験の最中にジムは詐欺を働いた。
4. 検査した結果をジムは詐欺師に渡した。

A. 答えはもちろん 2 ですね。この examination という名詞はふつう、an examination のように数えられる名詞扱いにしますと、よく知られていますように「試験」の意味になりますが（この意味のときアメリカでよく an exam と省略します）、Q のように無冠詞で数えられない名詞のときは、「調査」や「検査」の意味になるのが通例です。たとえば、テストに関係した資料などには、次のようにきちんと複数形の数えられる名詞として出ています。

News and information on the steps, *exams*, application materials and test accommodations.（手順、試験、申し込み書類、そして受験会場に関するお知らせと情報）

一方、「調査」や「検査」の意味ですと、たとえば次のように、あくまで無冠詞になります。

On *examination* of the brain, each of the large grafts appeared to be viable.（脳の検査では、ひとつひとつの大きな移植片が成長しているようである）

では、次の 2 つの文はその意味から考えると、どちらに冠詞が必

要でしょうか。それぞれの前置詞にも注目してください。

1. This booklet contains information on the Guidelines for (　　) examination and is maintained by the European Patent Office.
2. (　　) medical examination is required if an applicant is to work in an occupation in which protection of public health is needed.

（1．この小冊子には検査に関する指針について書かれており、欧州特許局により保護されている。
　2．申し込み者が一般の人々の健康を守る必要があるとされる業種で働く場合には、健康診断が必要である）

2の空所に A が入ります。

なお、この examination の使われ方の違いとして、「試験」の意味では前置詞はコーパス上は in がほとんどですが、「調査」の意味では in のほかに on が使われているのが目立ちます。したがって、in examination なら「調べてみると」の意味ですし、in *an* examination なら「試験で」の意味になるというわけです。

● 「私たちはふたごです」は We are twin. でいいか？

Q. 私たちはふたごなので、英語で自己紹介をするとき、We are twin. といいましたら、twins と複数形でいわなくてはいけないと注意されました。どうしてでしょうか。

A. この twin はあまり聞きなれない語ですからピンと来ないと思いますので、よく知られている brother という語で考えてみましょう。この brother という単語はあくまでも男同士が「きょうだい」という関係を示しています。ですから、もし I have a brother. という文があれば、それは「きょうだいという関係を持っている（具体的な）男子がひとりいる」という意味になります。

ということは、いま仮にここできょうだいが一緒になってふたりでそのことをいうときには、I'm *a brother* for him. プラス I'm *a brother* for him. イコール We're *brothers* (each other). ということになり、複数形で表すことになるのは納得がいくと思います。もちろん、現実には自分の弟の隣で「私はきょうだい（兄）です」というときには、I'm his brother. と単数でいうことが多いのは当然のことです。同じことは、sister やこの twin にも当てはまります。

すなわち、無冠詞の twin はふたごの関係のことであり、ひとりだけなら I am *a twin*. とか、あるいは形容詞的に I have *a twin brother*. のように使われ、ふたりそろったら当然 We are *twins*. になります。また、「ふたごが生まれる」というときも、上のような事情から必ず twins と複数形になります。

ついでに触れておきますと、a twin brother のような表現が英語ではよく使われていますが、その使い方と意味をきちんとつかんでおく必要があります。

日本ですと、きょうだいを紹介するときには、ふつう「兄」「妹」

Part 2　名　詞

のように自分にとって上か下かを最初からはっきりさせます。しかし、英語の場合は、単に I have *a brother*. や I have *two sisters*. のようにいうことが多く、必要に応じて He is *a big* [*little*] *brother*.（「おっきい兄ちゃん[ちっちゃい弟]」のようなイメージ）や They are *older* [*younger*] *sisters*.（「年上[年下]の女きょうだい」のイメージ）などとつけ加えたりします。

● 「詩」は poem か poetry か？

Q. 「姉は詩が好きです」というつもりで、My sister likes *poems*. といったところ、あまりいい英語ではないといわれました。

A. 英語では具体的な作品としての「詩」は単数で a poem，複数で poems ですが、漠然と「散文」(prose) に対しての「詩」というような意味では poem でなく、poetry を使うのがふつうです。こちらは抽象的で一種の集合名詞として使われています。したがって、「詩というもの(ジャンル)が好き」なら I like *poetry*. だし、嫌いなら I don't like *poetry*. や I dislike *poetry*. となります。具体的な個別の詩を指して「この詩は好きになれない」なら、I don't like this poem. のようになるわけです。

次の文ではなぜ poetry が使われているのかは、これまでの説明からわかりますね。

> Should you like *poetry*? Think before you answer! *Poetry* is art with words for colors. Entwined with music, *poetry* speaks to the heart of all who hear. *Poetry* is an emotional experience. (詩を好きになるべきなんでしょうか。答える前にまず考えてみてください。詩は色彩にかかわる語を使った芸術です。音楽と組み合わせて、詩は聞く者の心に語りかける。詩は感情の経験です)

次の用例では poem と poetry が同時に使われていて、よく読むと使われ方の微妙な違いがわかるでしょう。

> I like *poems* that are not afraid to talk about painful things. I like *poems* that make you laugh, or cry; *poems* that grab

you and make you read them again; *poems* that make you think. *Poetry* is, in a way, like shouting.（私はつらいことを恐れないで語る詩が好きだ。人を笑わせたり泣かせたりするような詩が好きだ。それらの詩は人の気持ちをとらえ、何度も読んでみたい気を起こさせるし、人を考えさせるのだ。詩というものは、ある意味で、叫びのようなものなのだ）

　これら poem と poetry のふたつが同時に使われるときの使用頻度は、poetry の 10 に対して poem はわずか 2 の割合ということになります。

　なお、この接尾辞 -ry で終わる語には、「集合名詞」になるのがいくつかあります。よく使われるものに jewels に対しての jewelry があります。また、ancestry（祖先）、imagery（像、イメージ）、machinery（機械）、scenery（風景）なども同じような特徴がありますので、使われ方も poetry と poem の違いに準じることになります。

　次のテストをしてみましょう。
　空所に適当なものを入れてみてください。

   1.　I was impressed by the beautiful (　　　) of the Grand Canyon.
   2.　We talked about different (　　　) of the Death Valley.

　1 には scenery が入ります。グランド・キャニオン全体の景観について述べているわけですから、まとまり感や集合感覚のある scenery が合っているわけです。一方、2 には scenes が入ります。カギは different で、「いろいろと異なった景色について語り合った」ということですから、「ひとつひとつの景色」を意味する scene が合うわけです。

● 「家」は **house** か **home** か？

Q. 「家にすぐ戻りなさいよ」という意味を You must go back to your *house* at once. といったところ、house の使い方がおかしいといわれました。なぜですか。

A. house は基本的に家という建物を指す語です。上の日本文では、家といっても建物ではなく、「家族」のもとへという意味が強く出ていますので、そのような場合には home を使って、You must go home at once. のようにいうのがふつうです。

この home という言葉からアメリカ人が何を連想するかを調べますと、連想語として peaceful, warm, secure place, lives with his loved ones などが出て来ます。There is no place like home. や Home sweet home あるいは Home of the brave のような home についての決まり文句を出した人もけっこういました（最初の２つはコーパスで見ると home とのからみで日常会話や日常文書では最も使われている文と句で、もともと英国の有名な歌から来ていますが、最後の句はアメリカ国歌 "The Star-Spanglad Banner" の中に出てくるものです）。

本来 home は「わが家」、「故郷」の意味で、アメリカで出ている辞書『ディズニー英語辞典』(*Disney's English Dictionary*) には a warm, secure place where one lives with his loved ones（人が自分を愛する人たちと一緒に住む温かくて安全な場所）のように出ています。ですから、home country といえば懐かしくて落ち着く「母国」ですし、hometown といえば「故郷の町」という感じです。

それに対して、house のほうは「家屋」、「住居」といった意味で、建物自体を強調するような場合に使うことになり、We have an old Georgian *house*. (家は古いジョージア風の家屋(建物)だ)のようにいいます。同じく『ディズニー英語辞典』を見ますと、**just a building built of wood or bricks**（木やレンガなどでできている建物）と出ています。

そう考えますと、house と home は、日本人の感覚からはけっこう紛らわしくても、英語では内容的にかなりの違いがあり、次のようにいうことも成り立ちます。

> You can love your *house* and you cannot love your *home*.
> （家屋自体を愛することはできても、その中の家庭を愛することができない）

また、自分の家を訪問してきた人に対して Make yourself *at home*.（お楽になさってください）もやはり、home でなければいけないことがよくわかります。

なお、「家で」という場合に、house は建物そのものを表しますので、その中は in the house になり、一方、家庭という場所を示す home は、漠然とした場所を示す at をつけて無冠詞で at home となるのも、興味深いことです。

● 「旅行」は **travel** か **trip** か？

Q. 「旅行をする」をつい make a travel といってしまいました。正しくは make a trip だというのですが、いまひとつ違いがわかりません。

A. 名詞の travel は、ふつうは a travel の形では使いません。複数形の travels で、「長期の(大)旅行」とか「旅行記」の意味で使われています。たとえば、有名な『ガリヴァー旅行記』は *Gulliver's Travels* といいます。また、無冠詞で使われることも多く、「海外旅行」は foreign travel だけでいいことになります。なお、travel は、動詞として使われることが一般的です。ほかに旅行を意味する名詞には trip, journey, tour がありますが、それぞれ make a journey, make a tour, make a trip のように使われます。ただし、この中では a trip が最もよく使われます。使用割合で比較しますと、make a trip を 10 とした場合、make a journey はぐっと少なくなって 2、そして make a tour にいたってはわずか 1.6 くらいの使用頻度ということになります。つまり、それだけ特殊な旅行に使われるということになるわけです。また、この make a trip は旅行という意味だけでなく、日常生活でちょっとした「お使いに行く」という意味でもよく使われます。

> As we live quite far away, in Brazil, we (me and my boyfriend) decided to *make a trip* where the bike wouldn't be our only way of transportation. (ブラジルでは人里離れて住んでいるので、私たちはお使いに行くのに別に自転車だけを使うということでもなかった)

有名なウォーリス・シンプソン (**Wallis Simpson**) はいかにし

て有益な「アメリカ旅行」を楽しむか、いいアドバイスを与えてくれています。

> I never *make a trip* to the United States without visiting a supermarket. To me they are more fascinating than any fashion salon.(私はアメリカに行ったら必ずスーパーマーケットを訪問することにしている。私にとっては、そこはどんなファッション店よりも魅力にとんだ場所なのである)

では、make a tour はどのように使われるのでしょうか。

> You can *make a tour* in various ways in South America.(南アメリカで旅行しようとしたなら、いろんな方法がありますよ)

どうしても tour というと観光旅行のツアーという感じですので、旅行会社でそういったパックツアーに申し込む感覚があります。そこで、make a tour reservation(パックツアーに予約の申し込みをする)というつながりがけっこう登場します。

最後に、make a journey はどうでしょうか。この表現は宇宙や地球の果てなどへ「本格的な長旅をする」というニュアンスで使われています。

> Lien Chan to *make a journey* of peace to mainland(リエン・チャン、中国本土に平和の旅を行う)

ただし、journey と trip だけを見ても絶対に区別して使われているというわけでなく、たとえば宇宙の遠くの星雲までは journey だとしても、惑星間くらいなら trip という感じもあるようです。

● 「心」は mind か heart か？

Q. 「彼女は子どもに対して、とてもやさしい心を持っている」というのを She has a very gentle mind to children. としたところ、gentle mind はまずいといわれました。でも、辞書にはちゃんと gentle は「やさしい」、mind は「心」と載っていますが…。

A. gentle mind のような単語同士のつながりを連語（collocation）と呼んで、外国語を学習するときの重要な部分と考えられています。英語の単語を日本語と同じようにただ結びつけていくのには限界があるからです。ここでも、gentle は確かに「やさしい」という意味はありますが、それが一緒に使われるいわば相性のいい名詞は heart です。また、「心」に対して mind を使っていますが、実は mind は「知性」に近い「心」で、上の文のようないわば感情・気持ちの上での「心」は heart がそれに当たります。

> A Woman's *Gentle Heart*. A glimpse into the character and role of women in sixteenth century society.（女性のやさしい心。16世紀社会の女性の特徴と役割を垣間見る）

具体的には母親の優しい気持ち、思いやり（Mom's *gentle heart*）といったところでしょうか。

キリスト教など宗教でも、次のように罪人でも許すような慈愛のある気持ちを指しています。

> Loving service to sinners with a *gentle heart*（罪のある人々にやさしい心で愛の奉仕を）

もっと精神世界的な感じの「心」となりますと soul が使われます。

"He is a pretty gentle *soul*," Professor Kmiec said. "If you wanted to compare him to a personality, it would not be Donald Rumsfeld. He would be quieter, more reflective, quite temperate."(「彼はとても穏やかな心を持った人である」とクミエック教授は語っている。「もし、彼を人格的にたとえてみたいなら、ドナルド・ラムズフェルドにはならないだろう。もっと静かで、思慮深く、節度もある人ということになろう」)

なお、先ほどの heart や mind といいますと、かつて話題になったベトナム戦争に従軍したアメリカ兵たちの悲惨さを描いたドキュメンタリー映画のタイトルが *Hearts and Minds* というのも、なかなか考えさせるものがあります。

A courageous and startling film, Peter Davis' landmark documentary *Hearts and Minds* unflinchingly confronts the United States.(勇気ある、かつショッキングな映画である、ピーター・デイビスの記念すべき記録映画『ハーツ・アンド・マインズ』は正面からアメリカと向かいあっている)

この heart, mind, soul などのような微妙な単語の使い分けは、単に単語の意味の違いだけでこと足りとするのでなく、やはりコーパスなど用例で実際の使われ方に接することによって、それぞれの単語の違いや特徴を浮かび上がらせることが大切だということに気づいて欲しいと思います。

Part 3

代 名 詞

● **this と that と it**

Q. Who is he? と聞かれたら、同じ he を使って、He is 〜 と答えるのに、What is this? と聞かれて、This is 〜 でなく、It is 〜 と答えるのはどうしてですか。

A. まず、this と that はもともと距離感の違いでものや人などを指すのに使い分けられている指示代名詞です。this は（離れたところの that に対して）物理的に近くにあるものを指差すというのが基本です。そしてそこから、心理的に、あるいは社会的に近いと感じるものも比ゆ的に指すようになりました。また、この this には、近くにあるものを直接指すことから、指されたものに対して感情（身近なものやよく知っているもの、あるいは親近感のあるものや人）が向けられるという特徴もあるのです。たとえば、電話で本来は遠くにいる相手の人に対して、Who is *this* (speaking)? のように this を使うケースや、物理的にはけっこう離れたところの絵をあえて、*This* painting is beautiful! のように描写する場合などがそれに当たります。

これに対して、that は物理的に遠くにあるものを指差すというのが基本です。そして、心理的にも社会的にも距離感のあるものや人を比ゆ的な形で指示するようになったものです。そこから、日本語でいう「あの男性［女性］」に当たる英語は he [she] がふつうで、これをわざわざ that man [woman] とすると、単純に遠くの人を指すだけでなく、ときに「あいつ［あの女］」のように感情的に怒ったり、軽蔑する気持ちが出てくる可能性もあるので、注意したいところです（この点は 15 ページの the と that の比較も参照してください）。

つまり、this と that は少なくとも「遠近感」がその使い分けの

Part 3 代名詞

ポイントになりますが、it は he や she など人称代名詞の仲間であり、this, that と違って、it には遠近感はまったくといってなく、いわば何か(具体的なもの、抽象的なもの、あるいは心理的なもの)を示す符号のようなものと考えられます。たとえば、*It*'s a pen. なら「何か話題になっていたり、示しているものが pen だ」といっているわけです。ちなみに、このような感覚が it が it 〜 to 不定詞や it 〜 that など多くの構文に使われる理由になっています。

この it は歴史的に文法上は人称代名詞に属すものですが、he, she のように文法上の性の拘束を受けませんので、生まれたばかりの赤ん坊は *It*'s a boy! のようにいうわけです。また、人間以外のものを示すために自由にまた手軽に使えます。面白い例では、かくれんぼで「今度は僕が鬼だ」というのに当たる英語表現に、Now I'm *it*! というのがあります。

そう考えてきますと、Who is he? といった場合、he は人称に関わる情報であり、話し手にとっても聞き手にとっても he ですが、What is *this*? の場合、this は話し手にとっては物理的もしくは心理的・社会的に近いものを指しているものの、聞き手にとっては必ずしもそうとは限らず、聞き手は this が何なのかを答える必要があるわけです。答えるときには this ではなく、「取り上げた話題の共通認識がある」it を主語に置くわけです。

もし、ここで What is *this*? と聞かれて、This is 〜 と答えますと、その聞かれたものを this でことさら指定していることになり、「うん、ここにあるこれはだね」というような特殊な使われ方になってしまいます。通常はあくまで、this が何なのかを聞いているだけなので、答える側はそのような余分な情報を付け加えないで、性別も中性を意味する差しさわりのない it を使って、It 〜 のように表現することが無難で便利なわけです。

● **that はリード役？**

Q. that は指示代名詞だけでなく、接続詞や関係代名詞などいろいろな意味で使われますが、どうしてでしょうか。

A. この that は本来、「あれ」と訳されるように、this に対して遠くにあるものや人などを直接指でさすのに使われる代名詞です。ところが、世に中のものをすべて指でさせるわけもありませんので、指せないものでも「意識の上で」that で指すようにしたわけです。これが抽象的な概念や会話の内容を指したりする that です。そして、さらにはそれらの概念や内容を具体的に説明するリード役（接続詞や関係詞）として使われるようになりました。

> I think *that* . . . she is wonderful. （あれを思っている…それはね、彼女はすばらしいってことだよ）
> I met the boy . . . *that* we talked about last week. （例の男の子に会ったんだよ…つまり、あの子だよ。ほら先週、話題にした子）

ただし、現代の用法では、ここでいちいち that を使うとオーソドックスで持って回った格調の高さが出ます。逆に、省略するとその持って回った感じは抜けますので、特に前者のような表現では、日常会話では that を入れないのがふつうです。もちろん、裁判などで言葉に注意してきちんと答えるときには、あえて that を入れるような場合も見られます。実際の裁判の例を見てみましょう。

> A. *That*'s correct.
> Q. Is it the case, sir, though, *that* any of these cuts *that* we see *that* are clean cuts are not the plastic as it

existed at the time *that* you got it?
A. I'm not sure *that* I understand *that* question.
(A: その通りです。
 Q: もっとも、われわれが目にしているこれらの切り取られた部分のどれもがきれいなもので、それらは入手された時点では確かに存在したものの、それらはプラスチック製ではないということでよろしいですか？
 A: ご質問の趣旨がよくわからないんですが)

　ここの最後の sure の次の that は上で述べた説明でわかりますように、日常の会話ならないのがふつうでしょう。それにしてもこれだけの短いやりとりに、なんと that が 7 回も出ていますね。この that をうまく理解し、うまく使いこなせれば、英語が格段にうまくなるという話も、まんざらうそではなさそうな感じがしませんか？

　ちなみに、that といえば次のような迷文（？）がよく英文法の話のネタに登場します。

　　I think *that that* '*that*' *that that* boy wrote is wrong.（私は、あの少年が書いたあの that は間違っていると思う）

● 「誰でも」は anyone か？

Q. anyone は「誰でも」という意味だと思っていたので、「クラブにはあなた方の誰でも入れますよ」というつもりで、*Anyone of you* can join the club. と英語でいったところ、この anyone の使い方がおかしいといわれましたが．．．。

A. ここで使われた anyone は確かに辞書を見ますと「誰でも」や「誰か」という意味だと出ていますので、Is there *anyone* here? (どなたかいらっしゃいますか？＝こんにちは？)のようなときは使えますし、*Anyone* can do that. (誰でもそんなことはできるよ)のようにいうこともできます。

ほかにも、Never trust *anyone* who doesn't like garlic!!! (ニンニクが嫌いな人は誰も信用するな)、Cigarette *anyone*? (どなたかタバコはお吸いになります？)なども知っておくといいでしょう。

ただ、anyone はあくまでもそれ自体で代名詞なので、Q のように後続の of you の部分とは合わないわけです。すなわち、難しい言い方をすると anyone は「無制限に不特定の人を指す」ということです。だから、of you という制限する語句とは合わないのです。

一方、似た形に any one というのがあり、これだと意味は「誰かひとり」という意味で、Is there any one here? なら、「誰かひとりでもいらっしゃいますか」ということになります。その場合、anyone と違って、of ～ (～のうちの)があとに続く場合は、あくまでも any (one of you) であって、この one は「ひとり」という名詞になります。つまり、「(あなたがたのひとり)の誰でも」という仕組みになっているわけです。そのため、ここでは any と one を離さなければいけないことになります。そして、今度は離すことによって、「ある範囲内の特定された人を指す」ことになり、後続の

of you という制限や範囲との相性がいいということになるわけです。

　そう考えてきますと、上の英文は Any one of you 〜 のようにすればよくなります。なお、ここでは代名詞としての any を使って Any of you 〜 のようにいうこともできます。用例をあげておきましょう。

> If *any one of you* think this is a great idea, feel free to give your suggestion how this can be done.（もしどなたかこの考えがいいと思った方は、どうかどのようにすればいいのか自由にご提案いただければと思います）

　この形式はコーパスで調べますと、圧倒的に「もしどなたでも〜という人がいれば」というような意味で使われるケースが目につきます。しかし、もし「どなたでも」というような同じ文脈なら実は、それ以上に any が代名詞として使われる例が多く、こちらの使用頻度が上の 10 倍に当たると考えてください。具体例を見てみましょう。

> I wonder if *any of you* have ever had or know of anyone who has gone through a near death experience.（どなたかこれまで死にかけた経験をお持ちか、そういった経験をした人を知っているという人はいないでしょうか）

　なお、ここで注意したいのは、原則この any が Have *any of you* read this?（誰かこれを読んだ人いる？）のように、複数形扱いだという点です。

● 疑問詞と関係代名詞の which

Q. 英語で which は「どっちの」という意味の疑問詞（疑問副詞）だと思っていたら、先日突然、関係代名詞の which というのが出てきて戸惑いました。疑問詞がどうして今度は関係代名詞になったりするのですか。疑問詞の which と関係代名詞の which との間に何らかの関係があるのでしょうか。

A. wh- で始まる語はすべて基本的に「何らかの情報が欠けている」ということを表示する語です（how という疑問詞ももとは whow でした）。それは疑問詞でも関係代名詞でも同じことです。下の例を見てみましょう。

1. *Which* do you like better?（どっちがより好きですか）
2. Do you know the movie (*which*) Meg likes?（メグの好きな映画を知っていますか）
3. Do you know the movie *which* interests Meg?（メグに興味を持たせる映画を知っていますか）

ここで、1 の場合はまず which によって、この文では「何らかの情報（ものに関する情報）が欠けている」ということが示されます。次に、do you によって、文が疑問文であることが示されることになります。ここで which は you like の目的語の情報を補うことを要請する一種の「しるし」となります。

また、2 では Do you によって文全体が疑問文であるということがわかります。すなわち、Do you know the movie のところまでいけば、一応まとまった疑問文と見なすことができます。しかし、the movie の直後に *which* Meg likes が続いており、この which によって情報の欠けていることが、そしてそれが Meg likes の目

的語であるということ、しかもその目的語は the movie であるということが示されることになります。通常、この which はわかりきっていますので、省略可能となります。

3 では which は interests Meg の主語の情報が欠けていることを表示すると同時に、それを the movie で置き換えることで、*which*（= the movie）interests Meg であることが示されます。

なお、ここで疑問詞と関係代名詞の違いについて指摘しておきましょう。疑問詞ですと欠けている、足りない情報を相手に求めることになりますが、関係代名詞ですと、その前の the movie が which が求める情報を補うことになります。すなわち、関係代名詞は節の中に情報が欠けているということを示すと同時に、その直前にある the movie の代名詞としての機能を担うわけです。

このように、関係代名詞は働きは重要ではあっても、裏方として使われているために、疑問詞の場合にはその働きがけっこう目立っており、読むときも原則としてはっきりと強く読まれるのに対して、関係代名詞の場合には弱く控えめに読まれることが多くなります。とりわけ、上で述べましたように目的語として使われる場合にはかなり弱く、その結果、なくてもいい（つまり省略）という現象にもつながっていくわけです。このように、ことばというのは実に理にかなった働きをしているもので、便利かつ経済効率のいいものだといえます。

● 疑問詞と関係代名詞の who

Q. ある人のことをいってからその人の詳細を述べるのに、よく関係代名詞の who が使われますが、who には疑問詞としての使われ方もあります。これらふたつには何か関連性があるのですか。

A. はい、大いに関連性があります。この who はまず疑問詞として誰かわからない人に対して、Who are you? と直接的な聞き方があります。「あなたは誰ですか」と相手の欠けている情報を直接聞いているわけです。その場合、この who が疑問文として必要な情報を手に入れるためのカギになりますから強くはっきりと読まれることになります。一方、関係代名詞の who の場合は、文を疑問詞的な視点を入れて解釈してみると、いろいろなことがわかります。

  Do you know the man *who* likes Sally?
        ‖
       the man

まず、このような関係節では、主語の情報が欠けています。そして、その欠けた部分は the man によって補われることになります。そこで、関係代名詞の who は「誰って？ その人は…」と考えればよいことになります。すると、この英文は「その男を知っているかい？ 誰って？ その男はサリーのことを好きな人なんだけど」と解釈されることになります。上の例では主語の情報が欠けていますが、もちろん、次のように目的語の情報が欠けている場合も同様に考えることができます。

  Do you know the man *who*(m) Teresa likes?

これは「その男のことを知っている？ 誰って？ その人はテレ

サが好きな男だよ」と解釈すればよいわけです。主語がある場合には、誤解がないのであえて who(m) を用いる必要はなく、Do you know the man Teresa likes? でもかまいません。必要がなければできるだけ簡潔で経済的に表現するというのが、言葉づかいの一般的な原則です。その意味では、かつてアメリカで大統領候補として無名のジミー・カーターが登場したときに使われた、Jimmy Who?（ジミーって誰なの？）という簡略な表現は、大変象徴的なものだといえましょう。

　ところで、疑問詞と関係詞に関わる wh-語のうち、日常生活の英語コーパスにはいったいどれが多く登場しているのでしょうか。会話（話しことば）と文書（書きことば）を合わせた 100 万語レベルで見ますと、1 位は which で、約 3800 使われています。それに続くのが what で約 2500、次に人との関わりで使われる who が約 2100 となります。

　では、最後にひとつ質問です。コーパスで見ますと、人に関わる疑問詞・関係詞の基本形 who の頻度はよくわかりました。では、日常生活でその所有を表す whose と目的を表す whom ではどちらがよく使われているでしょう？　意外かもしれませんが、答えは whose のほうがよく使われており、頻度は 100 万語あたり約 200 です。一方の whom はぐっと少なくて約 130 にとどまっています。（このあたりは、whose はモノにも使われることや、現代英語では whom の代わりによく who を使うといった事実を証明していますね）

● 「あそこ」の there と There is 構文の関係

Q. 「あそこ」の there と「...があります」の There is ... は、もともと同じものですか。

A. そうです。there はもともと「そこに」という離れた場所を示す副詞でした。

　　I'll see you *there*. (じゃあ、そこで会おう)

そして、その場合には当然 there は強く [ðéɚ] と発音されていました。

この「そこに」という感じがいちばん出ている表現が Over there! (あそこよ!)で、over によってより離れた距離感が出ます。

次に、ものがある場所を強調する手法として、「そこに」の意味を表す there が文頭にくるようになりました。

　　There is my bike! (私の自転車、あそこにあったわ)
　　There is Tom. (ほら、あそこにいるのはトムだよ)

この場合の there は強調のために前に来ているだけなので、やはり「あそこ」という場所の意味を表すことから強く発音されます。

しかし、この語順が便利なことから、次第に「あそこ」というよりも、「ある」という存在を意味する there is [are] の形式が定着してきました。この形式では何かがあることを表現することになるので、there is [are] のあとには、不特定の名詞 (a + 単数名詞か、複数形の名詞)、または不定代名詞 (something, nothing など)がきます。と同時に、読み方も「あそこ」ではなく単に「ある」という存在を示すだけなので、there は軽く発音されます。

そうなりますと、the 〜 や your 〜 など特定のものが主語の場

合は there is［are］は使えないし、使いにくくなってきました。すなわち、

> *There was* a present in the box.（箱の中にプレゼントがあったんだよ）

はよくても、There was your present in the box. はこの形式では一般的でないというわけです。この場合には、次のようにいうのがふつうで、また座りがよいともされています。

> Your present was in the box.

There is［was］... の形式は、何かを期待させて導入して、それを文のうしろのほうで「実は...」と種明かしをする感じになりますし、また、そのような状況にピッタリな表現工夫だといえるわけです。ですから、目の前のものが何かすでにわかっていたり、現に目の前にあるものをふたりで見ながらいうのには合いません（その点では、片方の人が電話で目の前のものを見ながら、相手に説明したりするにはいいわけです）。

なお、there was や there lived といえば、英語の昔話の導入部分の定番表現として実によく使われています。用例を見てみましょう。

> Long, long ago, *there lived* an old man and his wife in a village.（むかしむかしあるところに、おじいさんとおばあさんが住んでました）

Part 4

動　詞

● 動詞の文型

Q. 英語を何とかものにしたいという話をしていたら、動詞をうまく使えるかどうかがカギだといわれました。でも、なぜ動詞ってそんなに大事なのですか。

A. 英語の単語で最もその数が多いものは名詞ですが、それらはただ個々にばらばらな形で存在しているといっていいでしょう。ですから、名詞だけでは対象となるものを指すという働きはあるものの、英語の仕組みというところまでは見えてきません。一方、動詞の基本的な働きはそれらの名詞をうまく結びつけることによって、一種のストーリー性のある絵や映画を作れることと考えればわかりやすいと思います。

たとえば、いまここに Tom, hammer, glass という3つの名詞があるとします。これだけですと、単に名詞が並んでいるにすぎませんが、動詞の break が登場しますと、たちまち Tom broke the glass with a hammer. というストーリーの一場面が描けることになるわけです。ですから、動詞の使い方がわかるということはこういった描写が TPO に応じて自由にできることを指すことになりますので、いかに英語学習の要(かなめ)になっているかがわかると思います。

実はこの動詞を軸にした描写のやり方が、英語には基本的には3種類あります。状態、行為、そして過程(出来事)の3つです。状態を表す動詞には、be 動詞や know や like などがあり、行為を表す動詞には、play や study や help そして上で扱った break などがあります。そして、出来事を表す動詞には、get や open や come などがあります。

英語の文は基本的には動詞と名詞で成り立っていると考えることができます。そして、数ある英語の文の形(文型)の中で最も典型的

で安定したものが、次のような文だといえましょう。

Tom　　broke　the glass.
主語 + 述語動詞 + 目的語
（名詞）　（動詞）　（名詞）

　ここでは、Tom と the glass というふたつの名詞の間に何か関係があり、何かが起こったということがわかります。そして、それを関係づける動詞が broke であり、その動詞によって Tom が the glass を直接「割った」という行為がなされたことが述べられています。もしこれが、

The glass broke.

のような文ですと、「コップが割れた」ということはわかるのですが、名詞の the glass と関連づけられる名詞が少なくとも表面上はほかにありませんので、「自然に」なのか「誰かのせいで」なのかは状況判断ということになります。その点では先ほどの例に比べると典型性は弱く、状況や文脈にゆだねられる不安定な文だといえるでしょう。

● begin と start

Q. begin と start の使い方の違いを教えてください。

A. 日本語では「始める」や「始まる」に当たる英語に begin と start がありますが、その使い方の違いは意外とわかりにくいものです。たとえば、「授業は8時に始まる」なら Class *starts* at eight. でも、Class *begins* at eight. でもよいですし、また、「彼は新しいビジネスを始めた」も He *started* new business. でも He *began* new business. でもどちらでもいいわけです。そうなりますと、その違いは一体どこにあるのだろうという疑問が出てきて当然です。

まず begin は基本的に、ある物事の始まりのところに関心がある動詞だといえます。たとえば、熟語の in the beginning（はじめに）や the beginning of April（4月のはじめ）などにそのことがはっきり現れています。それに対して start のほうは、物事を開始し、そこから（いよいよ）活動が始まる、という意味合いが強く出る動詞です。いわば、飛び出すようにはじめるというのが start のイメージだといえます。

具体的には、たとえば突発的に交通事故などが起こるときにも、

> The accident *started* behind me so I saw nothing.（その事故は私の背後で起こったので、何も見えなかった）

のように使われますが、これを begin でいいかえることはできません。また、物事を再開するときにも start は使え、Let's *start* again. といえますが、Let's *begin* again. はふつうではありません。さらに、車のエンジンがかかったという場合には The engine *started*. とはいえても、The engine *began*. とはふつういえない

のも興味深い事実です。

　なお、映画などが始まるという場合には、

> The movie *starts* at 7 tonight, so don't be late.
> The movie *begins* at 7 tonight, so don't be late.
> （映画は今夜 7 時開始だから、遅れないようにね）

のように、start と begin のどちらも可能ですが、start のほうが 90 分物の映画が始まるという感じであり、begin は映画が始まるのは 7 時だという感じの違いになる点も、これらの動詞の特徴を表しています。

　また、アメリカの在宅ビジネスの案内キャンペーンで、Are you ready to *start* selling?（これからどんどん売っていく覚悟ができていますか）というのがありますが、いかにも売り出すとその勢いが止まらないで続いていく感じが出ています。これを begin にしてしまうと、初心者の手ほどきでもたもたしている図式になってしまいます。続いて、アメリカの新パスポート（E パスポート）のニュースです。

> E-Passport Testing will *begin* at San Francisco International Airport on January 15, 2006.（電子パスポートのテストが 2006 年 1 月 15 日にサンフランシスコ国際空港で始まります）

　これですと、始まっても慣れない人たちにはいろいろとケアもしますよという感じがついています。「初心者」を beginner というのは、そのあたりの事情を反映しています。starter は同じように何かを「始める人」ではあっても、そのような意味での初心者というイメージはありません。

● arrive と reach と get to

Q. 「着く」「到着する」には、arrive, reach, get to とありますが、違いがいまひとつわかりにくいのですが。

A. ある場所からある別の場所に「到着する」という行程を考えたとき、目標地点に最も関心があるのが arrive です。そして、その地点への到着の仕方やかかわり方によって、前置詞で場所を表す at や in が使われることになるわけです。到着時間のことを arrival [arriving] time といい、getting time や reaching time とはいわないのも偶然ではありません。ちなみに、この arrive の -rive は、歴史的に見ると興味深いことに、実は river のことであり、「川のところ」を指しています。つまり、まずは川のところにたどり着くというのが、昔の旅の場合、「到着する」の重要なカギだったことがわかります。

　この arrive は人だけではなく、ものでも主語にとることができますので、「その手紙が今朝、届いた」というような日本語は英語で The letter *arrived* this morning. のように表現されますし、「新刊到着」というような案内は NEWLY *ARRIVING*!! のようにいいます。なお、用例として、新幹線のアナウンスを見てみましょう。ある駅にいよいよ到着するというときの車内アナウンスですから、当然、arrive が使われることになります。

　　We *are arriving* at Shizuoka.（静岡駅に到着いたします）

　では、旅行の行程で目的地よりも出発点やこれからの旅行という気持ちの場合には何を使えばいいのでしょうか。

　そのように目標や目的地よりずっと手前の出発点寄りに視点がある場合には、get to を使うのがふつうです。ですから、郵便局には

どうやって行けばよいかと尋ねる場合、これから行くわけですので、How can I *get to* the post office? といい、逆にこのような場合には arrive at を使うのはおかしいということになります。get は向かう先を示す to と相性がよいという事実も納得がいきます。もちろん、過去形で They *got to* the station. といえば、結果としては駅に到着したという意味になります。

一方、行程の途中を指すのが reach で、よくボクシングなどで「腕のリーチが長い」といったような言い方がされますように、腕そのものが reach のイメージになります。そして、何かに手を伸ばして届くということですから、その目的地に届く関係である限りは、あくまで場所などを示す前置詞は必要ないということになります。

ただし、手を伸ばしたけれど目的のものに届かない場合、すなわち、なんとか届かせようとして手を伸ばしたり、動いているものを手を伸ばしてつかもうとするときは、その目標物を「求めて」いるわけですから、reach for ～ のように for をつけて使うことになります。有名な例では「月をつかもうとして、手を空に向けて一生懸命に伸ばしている」は、The child is trying to *reach for* the moon. のようになります。ただし、目的地がそこにちゃんとあることがわかっていて、道筋どおりに行けば確実にそこに着くという前提が reach にはありますので、道を聞く場合、How can I *reach* the post office? というと、少しおかしい感じがするのは、おわかりになるでしょうか？

● get を使った表現

Q. get nervous というと「神経質になる」、get sick で「気持ちが悪い」のように、get を使った表現が多いのですが、いまひとつうまく理解できません。いい方法はありませんか。

A. 確かに、get を使った上のような表現は日常会話に多く見られ、ふだん学習の際はあまりこの辺の微妙な形式にはこだわらないで、これらを一種の決まった表現として扱うことが多いようです。しかし、いつでもそれでは「知識の発展性」が期待できません。やはり、その意味からも「なぜだろう」という疑問とその解決を心がけていきたいものです。

さて、get は次に来る対象物が具体的なものであれ、抽象的なものであれ、やはり「得る」という感覚になるわけです。たとえば、get nervous では「神経質な状態」を「得る」というわけです。そして、その日本語での対応語が「神経質になる」になります。これは他の get を使った表現全体に当てはまります。

もっとも get の他動詞性から見ますと、get nervous の仕組みは次のようにとらえることができます。

　get [oneself] [to be] nervous

本来のこの形式が、自明の情報項目は省くという原則によって、[　]の部分が省略されて、get nervous となったといえるわけです。したがって、Get yourself together. (しゃきっとして)のような例では、情報構造上 to be だけは省略され、残りの yourself はそのまま使われています。

　Get yourself [to be] together.

同様に、I must get going.(もう行かなくっちゃ)も、もともとの形は、

　　I must get [myself] [to be] going.

だということになります。同じ「行かなくては」でも、似たような I must be going. とはかなりの違いがあり、後者では、be がまったく他動詞性が感じられないことから、get の場合のような他動詞構文(「自分を行くように仕向ける」というような意味)が背後にあるとはいえないわけです。

　最後に、get を使った構文といえば、使役構文というのがよく知られていますが、これは get の持ち味をよく出している構文といえます。

　　Mary *got* Tom *to* go out.

　上で述べた "get [someone] [to ～]" の形式が、ここではそのまま見られます。したがって、意味上も「メアリー」が「トムが外出する状態」を「得た」ということになり、そこから、「メアリーはトムを外出させた」と解釈されるわけです。

　なお、最近よく使われる用法に get happy があります。get は元来、get sad (悲しむ)や get mad (怒る)、あるいは get rotten (腐る)のように「そうなるようになってしまう」色彩が強く、あまりいい状態でないものにすることが多いのですが、次のようにこの用法は「気分は上々」のようなニュアンスでよく使われています。

　　Get happy and you will *get ahead in life*. (幸せになって人生を積極的に歩もう)

● want は「必要がある」？

Q. 英語で「〜したい」という欲求を want to 〜 で表現すると思っていたところ、Your hair *wants cutting.* という文を目にしました。「髪の毛を切る必要がある」という意味だというのですが、どう理解すればいいのでしょうか。

A. want はもともと「不足する」という意味で、「不足する」結果「欲しい」という意味が必然的に生まれてきたのです。want の次に名詞をとる用例を見ますと、そのあたりの事情がよく理解できます。

すなわち、We *want* water. という文は「水が足りない」「水が必要である」「水が欲しい」というどの意味にも、状況次第でなりえます。つまり、大きく「不足している」、だから「必要だし、欲しい」という2つの意味が含まれているわけです。同じように、ごたごたが続いていて「静かな生活」が欠乏している人なら、I *want* a quiet life! というでしょう。「静かな生活が欲しい」と叫んでいるわけです。

この want の次に来るものが具体的な動作を伴う場合には、〜ing と to 〜 をうまく使い分ける必要があります。すなわち、「不足している」はすでに既存の事実になりますので、表現上も want 〜ing のように、過去寄りの -ing 形とともに使われます。たとえば、何かが壊れて「現に修繕が不足している」、すなわち「修繕の必要がある」というようになります。なお、この want 〜ing の形式はわりと古い響きがして、19世紀や20世紀はじめの小説や日記などによく出てきます。

Her hair always *wanted brushing*, her hands always

wanted washing, and her shoes always *wanted mending* and pulling up at the heel.（彼女の髪はいつもブラシをかける必要があったし、手をいつも洗う必要があった。それに加えて、その靴はいつも修繕する必要があったし、かかとも高くする必要があったのだ）

もちろん、現在でも使われることはありますが、どうしても古い表現の響きがしますので、わりと官公庁などでの公文書関係などで目にします。次は英国マンチェスター市の住宅局の案内書からです。

The system then asks you a series of simple questions to identify exactly what you *want repairing*.（その制度では次に、修繕してもらいたいことは何かを正確に見つけ出すために、一連の簡単な質問をすることになります）

一方、「欲求する」のはこれから「～してみたい」ということですから、表現として want to go（行ってみたい）のように、未来寄りの不定詞とともに使われるというわけです。

I *want to know* more about physics.（もっとこれから物理について知りたい）

なお、この want は「不足している」したがって「欲しい」といういずれの場合でも状態を表していますので、原則として I am wanting some water. のような進行形では使えません。単に、I want some water. だけで「いま水が欲しい」という状態が表せるためです。ただし、これが現在完了進行形になるとけっこう使われています。砂漠をラリーで横断したハルク夫妻が最初に口にした言葉が、We've *been wanting* water. We really have!（ずっと水が飲みたかったんだよ。本当だよ）でした。

● remember は「覚える」か「思い出す」か？

Q. remember を理解しようとすると、文脈によって「覚える」や「思い出す」などいくつかの意味があって戸惑います。何かいい方法がありますか。

A. これは remember だけでなく、forget などにも当てはまります。

I *forgot to mail* the letter.（手紙をポストに入れ（ようとしていたがそれを）忘れた）

I *forgot mailing* the letter.（手紙をポストに（ちゃんと）入れたことを忘れた）

また、「アイスクリームを買い忘れた」というのは、I forgot to buy ice cream. となります。この形は厳密には、「アイスクリームを買う予定（だった）」ことを「忘れた」ということで、買う行動を予定していたが実行はされなかったというわけです。

しかし、ここで to buy の代わりに buying という -ing 形（動名詞）を使いますと、意図することが変わります。すなわち、その -ing 形の持つ意味から、「買う行動に入っている」状態だということがわかりますので、「買った」ことになります。したがって、I *forgot buying* ice cream. といえば、「アイスクリームをちゃんと買った事実をうっかり忘れてしまった」ということになります。

この同じような現象は「忘れる」と反対の「思い出す」にあたる remember にも当てはまり、I *remembered to pay* the bill. といえば、「その請求書を払うのを覚えていた」ということですし、逆に I *remembered paying* the bill. といえば、「払ったことを覚えていた」ことになるわけです。

Part 4　動　詞

　ちなみに、日常会話で forget と remember はどのような使われ方が多いのか、典型例を生のデータから取り上げてみましょう。現在、インターネットはすっかり日常生活の一部になりましたが、実はインターネット上のコーパスで forget（forgot）の用法でかなりの数にのぼるのが、「パスワードをお忘れですか」に当たる次の英語表現です。

　Forgot Your Password?

次に実際の使われ方を 1 つあげておきましょう。

An Oklahoma man told federal investigators he *forgot* a pipe bomb he built for fun was in his luggage when tried to board an airplane.（オクラホマ州在住の男性が連邦捜査局員に語ったところによると、飛行機に乗ろうとしたとき、手荷物の中に興味本位で作ったパイプ爆弾が入っていることをうっかり忘れていたということである）

● 「置く」は put か？

Q. 「あなたの鉛筆を置いてください」という日本語を英語でどういえばいいか聞いてみたところ、Put your pencil. と答えてくれましたが、この英文は正しいですか。

A. 正しくありません。単純な「put = 置く」という理解からしますと、上の英文は別におかしくありませんが、逆に何となく変な感じの英文だと思った人もいるでしょう。そうです。実はこの文には「場所」が欠けています。この put は「目標指向の動詞」と呼ばれ、必ず on the desk や there あるいは away といった目標となる場所や位置を示す副詞句が必要なのです。

考え方としては、Put your pencil で「鉛筆をどこかの目標地に指向させる」ということになりますが、その肝心の「どこか」がないので、情報が不完全ということになるわけです。たとえば副詞句の on the desk がついてはじめて「机に接触したり」、また in your pocket がついて「ポケットの中に入ったり」するといった場所情報が確保されます。

しかも、この情報作りの段取りはこの流れでないといけないという制約があり、On the table I put my pen. というような文頭に場所を持ってきた形は、英語としては正しくありません。この例から「put = 置く」という単純な公式化が危険なことがよくわかります。

それでは、put は「置く」という意味ではないのでしょうか。確かに、Put your pencil on the desk. のように日本語の「置く」に対応するような例があることは事実です。しかしながら、in your pocket では「ポケット(の中)に入れる」になりますし、in order では「秩序の中に入れる」→「並べる; 整理する」といった意味にとるのがふつうですね。

Part 4 動詞

　つまり、私たちは場所さえ特定化できれば、どんなものでも人でも put することができるということです。そして、その場合、面白いことに目標地点までの移動手段は問いませんので、傘を「立てる」にも、布団を「敷く」にも、名前を黒板に「書く」にも、あるいはもっとイメージをふくらませれば、なんと畑に化学肥料を「まく」でも使われます。

　これらはいずれも、場面と常識さえちゃんとしていれば、put your umbrella in the corner, put the futon on the floor, put your name on the blackboard, put chemicals on the farm のようにあっさりといえます。もちろん、常識を破る特殊な状況やより具体的な表現にしたいときは、stand, lay, write, spray といった動詞を使えばいいわけです。

　なお、put の使い方のカギを握るのは、特に場所を示す on や in などの前置詞や副詞です。これらもいい加減に使われているのではなく、いずれも移動した結果、その場所でどんな状態になっているかのイメージを、前置詞が表していると考えればいいでしょう。

> If you have a base of information which you would like to *put onto the web*, don't rush into changing the way you manage it. (もしウェブに載せたいと思う情報そのものがあれば、管理の仕方をあわてて変えることはない)

● help のあとの不定詞に to はいらない？

Q. 「彼が部屋をきれいにするのを手伝った」というとき、I *helped* him *clean* the room. だけでなく、I *helped* him *to clean* the room. でもいいことになっています。まったく同じ意味で使われるものなのですか。

A. 上のふたつはたいていの場合、確かにどちらを使ってもそれほどの違いは生じないことは事実です。ただ厳密にいいますと、ことばの特徴としては文の形が違っている以上、ふたつの間には何らかの意味の違いもあると考えるのが自然です。

では、その観点から違いを見てみましょう。まず前者では彼が部屋をきれいにするのをきちんと最初から最後まで手伝うのに対して、後者では to があることから、出だしに着目して少なくとも最初は手伝う予定で手伝ったことが読みとれます。しかし、ずっと一緒に手伝って最後までいたがどうかはわかりません。結果として前者と同じように最後まで手伝ったかもしれませんし、最初は手伝っていても途中からいなくなったかもしれないわけです。それでも、手伝ったことには変わらないことになります。用例を見てみましょう。

> Kathy *helped me to do the washing*, but somehow she went away right after we started to work together.（キャシーは洗濯するのを手伝ってくれてたんだけど、なぜか一緒に始めた途端にどっかへ行ってしまったの）

ここで、helped me do the washing とすると、何かヘンだというアメリカ人が少なくありません。

to のあるなしによって、このように意味の上で違いが生じる動詞は実はほかにもけっこうあります。たとえば、「～させる」という使

役の意味ではよく make が使われますが、これは to がなく、We *made* him *go*. というと、彼を間違いなく行くようにしたという意味です。ずっと最後までというより、特にとにかくいやでも何でも無理にやらせるという最初の強制的力を意識したときには、より具体的な force や compel などがよく使われています。とにかく最初の執行が重要だというわけです。具体的には force は次のように使われています。

> Airport security *forced* him *to change* his T-Shirt saying wearing it was like "going to a bank with a T-Shirt reading 'I am a robber.'"(空港警備局員は彼に「とにかく、それではまるで『銀行強盗参上』と胸に書いた T シャツを着て銀行に行くようなものだ」として、その T シャツを別のものと力づくで変えさせた)

一方、compel のほうは、同じように強制力は感じられますし、形も同じですが、若干その感じは違います。

> His health *compelled* him *to resign* in April 1835.(健康のせいで、1835 年 4 月に彼は辞任せざるをえなかった)

これらの例でもわかりますように、force は人でもものでも主語として人やものなどを強制的に動かすことができますが、compel は原則としてこの用例のように健康や災害などが主語となります。また、ちょっと古くて堅い表現になりますので、make や force などに比べると、その使われる割合もぐっと減り、force のほぼ 4 分の 1 以下くらいの頻度となっています。

● **have と make と get**

Q. 「髪の毛を切ってもらった」という文を英語にするとき、次の3つの表現は何が違うか教えてください。
I *had* him *cut* my hair.
I *got* him *to cut* my hair.
I *made* him *cut* my hair.

A. これらは、それぞれの動詞の意味の違いをつかむと、よくわかるようになります。まず、have は基本的に「すでに所有している」という結果の意味を含んでおり、その具体的な出来事が him（= He）cut my hair（彼が私の髪の毛を切る）であるというわけです。次に、get では行動の始めの部分に焦点が当てられていますので、これから努力してことを行う感じを伴います。したがって、「彼を説得してこれから髪の毛を切らせることになる」といった未来的な感覚から、特に to との相性がいいというわけです。それに対して、先ほどの have はもう所有の状態に入っているというわけですので、to との相性はいまひとつになることは十分理解できます。

一方、人に強制的にやらせることがポイントなら make が、自由にさせることがポイントなら let が使えます。そして、その場合はいずれも出来事の間は続く感じがありますので、「これから」の意味の to は必要ないということになります。ただし、この点で面白いのは強制的にやらせるでも、make は実は昔は to とともに使われており、いまでも Money *makes* the mare *to go*.（地獄の沙汰も金次第）といった古いことわざなどにはその名残が残っているという事実です。ですから、昔はとにかく強制的にやらせる始めの時点が強調されていたことがわかります。現在では、to が抜けると同時に、始めの時点に加えて途中までも実行させるという意味になって

きたようです。

では、これらの3つの「させる」という意味の動詞は、日常会話では一体どれが一番よく使われているでしょうか（ERIコーパスで日常会話の中の使役用法3000例の内で）。

have	1252
make	279
get	64

これを見る限りでは have の頻度が圧倒的に多いようです。その理由は、やはり女性が美容院などでやってもらうという場面ですから、「やってもらう」感覚に合っている have がぴったりくるようです。make では強過ぎますし、get ではいかにも最初だけという感じが出てしまいます。また、理容店や美容院に行った場合には、やはり店側からすると客商売ということで、最初から最後まできちんと責任を持ってカットする情報が盛り込まれている have が、ほかのふたつに比べると合っているということがいえそうです。

ERIコーパスでその使われ方の典型例を見てみましょう。

I went to my hairdresser and *had him cut my long hair short* and lighten it. I was determined to undergo a transformation, and I wanted to be reminded of it every time I looked in the mirror.（美容院に行って美容師に長い髪を短くしてもらい、色も明るい色にしてもらったの。とにかく、変身しようと決意したんです、だから鏡を見るごとに、その決意を思い出したかったんです）

● **see と look**

Q. see の意味がいまひとつつかめないのですが．．．。また、look も同じように「見る」という意味のようで、混乱します。

A. よく調べてみますと、see は look と違って、基本的には知覚そのものに内面まで含めてこだわります。すなわち、「視野に入っている」という状態を表していますが、入る対象が人の場合ですと、それは「会う」という意味につながり、また入った結果それが何かわかる、理解するといった部分までも含むことが多いのです。たとえば、I *saw* her on the street. という文は、「彼女を通りで見(かけ)た」のか「彼女に通りで会っ(て話し)た」のか、その時々の文脈で決まります。つまり、see は「見る」だけでも「会ってしゃべる」でも使えるというわけです。次の用例でもわかりますように I saw her とくれば、次に動詞か分詞がくる構文が多いのもこの動詞の特徴でしょう。

> I *saw* her *standing* there. Well, my heart went boom when I crossed that room. And I held her hand in mine ... (私は彼女がそこに立っているのを見た。そうだね、心が躍ってね、その部屋を横切るときにね。そこで彼女の手を自分の手で握ってね)

いずれにしても、この動詞は自分の視野にちゃんと入っていることがポイントだというわけです。また、その外見だけでなく内面やその本質部分まで視野に入れれば、そこから自然と「わかる」や「理解できる」という意味が出てくることになります。たとえば、I *see* the point. (要点はわかります)や I *see* what you mean. (いっていることは、わかります)などのように使われます。

一方、look は「見る」というよりも目という器官自体にこだわっ

ていて、「目そのものを向ける」というイメージになります。そして、その向ける先や向け方が、at, in, over などの前置詞によって示されるわけです。

　では、念のために look や see は一体どのような単語との結びつきが強いかを、コーパスで調べてみましょう。まず、look は当然のことながら、先ほども触れましたように Look!（ほら、見て）という純粋の「見る」の使い方と、Look...（ねえ…）といった注意を向けさせる使われ方があり、これらは大変多く使われています。連語としては、look at がダントツに多く、しかも *Look at* me.（私を見なさい）のように形式上は命令形で使われています。次に多いのが look for で、当然 I'm *looking for* a stapler.（ホチキスを探しているんだ）のように、「目で探す」意味で使われています。

　一方、see は会話コーパスでは、I see.（なるほど）の頻度が多いのですが、もちろん冒頭で述べたような「見る」と「会う」の意味で同じくらい多く使われています。

　では、ここでひとつ問題を出してみましょう。「ベス、何てきたない顔をしているの！　ちょっと鏡を見てごらんよ」という意味を What a dirty face, Beth! *Look at* the mirror. といったとします。どこがおかしいのでしょうか。

　これは先ほどの点が理解できていれば、問題なく解けますね。英語で「見る」というのに、「あの絵を見てごらん」なら、*Look at* that picture.（油絵などを意識したときは painting もよく使われる）でいいのですが、「鏡を見てごらん」は、「鏡（の中）で自分（の顔）を見てごらん」という意味です。したがって、厳密には Look yourself in the mirror. となるのですが、ふつうは簡潔に Look in the mirror. といいます。

● 「味がする」と「味わう」

Q. 「これはチーズの味がする」という文を This *tastes* like cheese. といいますが、I *taste* lots of different kinds of cheese.（私はたくさんの種類のチーズの味の違いがわかります）のような使われ方もあって戸惑います。何かこれらには関係があるのですか。

A. この問題を考えるときの最もいい材料は look です。基本的なカギは視点の問題で、行為から対象へ視点が動くということです。つまり、何かに視線を向ける（行為）と、その何かの様子（対象の様子）が鏡のように反射してくるという関係です。何かを手で触れば手触りを感じるという関係と同じです。look は「視線を向ける」という意味ですので、I *looked* at the sky.（空を見た）とその反射である The sky *looked* threatening.（空は険悪な感じだった）は連続的につながるわけです。

ほかの「感じる」「味わう」などの動詞にも同様のことがいえます。taste だと I *tasted* the soup.（そのスープの味見をした）と The soup *tastes of* onion.（そのスープはタマネギの味がする）、smell だと *Smell* this herb.（この草をかいでごらん）と It *smells of* lemon.（レモンの香りがする）などのように、ある対象に働きかけることとその対象の反応のどちらに焦点が来るかによって、どちらの使われ方になるのかが決まります。

なお、ここで taste of ～、smell of ～ といずれも of が使われていますが、これは「タマネギ」や「レモン」などの固形物はそれ自体をすべて味わったり、かいだりすることができず、あくまで「その固形物から出る一部の味やにおい」を感じるという部分性から、**of** が使われているものです（この問題については、次項も参照してください）。

コーパスで taste を使った実際の用例を見てみましょう。

> "I think it *tastes* great." Egging it on Uncle Bill: "No. It's really dry. Like she left it on the stove for too long. It *tastes* really, really good. I like it a lot, Pam." Doesn't know when to quit Uncle Bill: "Look at it!"（「とってもおいしいと思うよ」アンクル・ビル流の料理法でやってみたんだね。「いや、とても乾いた感じで、彼女、ちょうどレンジにずっとかけておいたみたい。でも、とってもいい味がしてね、ねえパム、僕はとっても好きだよ」でも、彼女いつアンクル・ビルの料理本をやめればいいのかわからないみたいだね。「ほら、見て」）

逆に「まずい」というのは taste bad 以外に taste awful がよく使われています。

> Virgin Coconut oil — Did you say it *tastes awful*? Well, not any more.（バージン・ココナッツ・オイル――ってものすごいまずい味がするっていった？ いや、もうそんなことはないよ）

実際に、「〜の味がする」という場合には、「〜のような」に当たる like を入れて次にその名詞を続けます。

> Remember? That *tasted like* rotten onions.（ほら、覚えてる？ あれって腐ったタマネギみたいな味がするんだよ）

● hear と hear of

Q.「先週あなたが仕事で失敗したとお聞きしました」という文をLast week I *heard* your failure in business.と訳したら、間違いだといわれました。どこがおかしいのでしょうか。

A. hear は音や声などが聴覚に入っていることから、「聞こえる」という意味を表します。その場合、I heard the news. のように、hear をはさんで I と the news が直接つながっていれば、その直接性のために「私はそのニュースが自分の耳に聞こえた」といった意味になります。しかし、日常生活では「そのニュースを間接的に他人から聞く」こともあります。このような間接的な聞き方をする場合には、I *heard of* [*about*] the news. のように、前置詞が入ることによって、I と the news が直接にはつながらない形になります。

では、hear of といった場合と hear about といった場合では、どういう意味の違いがあるのでしょうか。日本語ですと、いずれも「〜のことを耳にする」といった感じになります。確かに、聞く対象となる人やものへの「間接的影響」という点では同じですが、微妙な違いがあります。すなわち、of は off の仲間であり、いずれも離れるという意味ですが、off が完全に離れるのに対して、of は別れてもそれぞれ何らかのつながりを持っており、その典型は one of them（彼らのひとり）でしょう。彼らからひとりが離れていく、しかし、その関係は続いている感じです。そうしますと、I *heard of* your marriage. は、考え方としては I *heard* something *of* your marriage. で、相手の結婚のいろいろな面を考えたとき、そのある面に関して具体的に聞き及んでいるというわけです。

実際の使われている頻度としては、話し言葉と書き言葉を含めて

見ますと、次のように heard of のほうが、ほぼ 2 倍になっています。この of は聞く話題や内容が「直接的な関係として」聞くという感じで、しかも「ある特定の側面に関して聞いている」という意識が強く出るため、日常生活では多く使われることになります（ERI コーパスの日常会話で hear + 前置詞の用法 2300 例の内で）。

　　heard of　　　　 1320
　　heard about　　　 752

　一方、hear about は about が何かしら漠然とした周辺的な意味合いを帯びているため、hear of のように「ある特定の側面に関して聞いている」というよりも、「いろいろな側面や周辺情報などについてもあれこれ幅広く聞いている」といった感じになります。

　さて、hear といいますとよく listen と比較されますが、このふたつは一体どう違うのでしょうか。先ほど hear が「(直接)聞こえる」意味だといいましたが、もしそうなら listen は「耳をある方向に向ける」といった感じでしょう。耳を傾ける対象が具体的にあるときには、listen to ～ のように前置詞の to が使われます。方向を示す to と相性が良いことからも listen の持ち味がおわかりになるでしょう。

　なお、単にある方向に向けるのでなく、「何だろう」と関心を持ってそちらに耳を傾けて聞き取ろうとするときには listen for ～ という表現がよく使われます。リスニングの練習で必要な情報を聞き取るときなどは *Listen for* it! といった英語表現がぴったりといえます。

● 「(出さなかった)手紙を書く」は？

Q. 恵子に手紙を書いたけど結局出さなかった場合、I wrote (a letter) to Keiko. でしょうか。それとも I wrote Keiko a letter. のほうが合っているでしょうか。

A. どちらの英文も「私は恵子に手紙を書いた」という意味ですが、前者は原則としてその手紙が先方に届いていてもいなくてもいいときに、後者は「恵子に届いたものがあるが」、それは「私が書いた手紙だ」というような場合に使われます。そのため、もし何らかの事情で手紙を出さなかったという文が続くときは、当然、前者だけが適切な使われ方となります。

○ I wrote (a letter) to Keiko, but somehow I didn't send it.
× I wrote Keiko a letter, but somehow tore it before sending.

では、これらの考え方の根底にある重要な点は一体何でしょう。実はこのような文では、write という動詞とその次に来る名詞との結びつきがとても強いという事実です。すなわち、write a letter では「手紙を書く」という点が強く出ますし、write Keiko という結びつきは「恵子に書く」という点が強く出るということです。

ですから、過去形になれば当然、過去の事実として「もうすでに行われた」と描写されるわけですから、前者ではもはや「書いた」ことを打ち消すことはできませんが、でもまだそれを「出さなかった」ということは可能なわけです。一方、後者ではもう「恵子に書いた」ということをいっていますので、先ほどのようにそれを出さなかったということはいっさいできなくなるという理屈なわけです。

では、実際の用例を見てみましょう。

Part 4　動　詞

> Peterson *wrote to Amber* from jail（ピーターソンは獄中からアンバーに手紙を書いた）

> I *wrote him*. At the end of the Spring semester I wrote about someone I had a crush on — my secret crush. So, since the break-up with my boyfriend, I decided to *e-mail my crush*.（彼に手紙を書いた。春学期の終わりに、好きになった人について書いた——内緒の好きなんだけど。それで、彼氏と別れてから、その好きになった人に電子メールを出すことにしたの）

　頻度的には、write him [her] の形式のほうがずっと多く使われています。相手に手紙やメールを出すのを過去形でいう場合、この形式のほうが「出した」という確実性が出てくるからでしょうか。

　なお、書いたものが手紙やメール以外の場合も、次のようにそのあとに続ける形式が使われます。

> So I *wrote him this song*. When I looked him in his eyes I knew I couldn't change his mind.（そこで、彼にこの歌を書いて送ったんだ。彼の目を見ていたとき、彼の気持ちを変えることはできないっていうのがわかったからね）

　いずれにしても、直接、人をうしろに従える形式のほうが応用範囲も広く、よく使われている理由がわかる感じがします。

● **find の構文**

Q. I *found that* Dave was studying in his room. と I *found* Dave studying in his room. は同じ意味で書き換えられると思っていたのですが、実際に英語を使っていると、何となく意味の違いがあるような気がするのですが…。

A. これは単語を並べる順序や、ある単語と別の単語の並んでいる距離がそのまま意味に影響を与えるという、大変重要な考え方と結びついています。私たちが使っていることばには「形が違うと意味も違ってくる」という原則があって、Q のように、使われている単語はほとんど同じだとしても、その並べ方や結びつきなどが違ってくると、当然何らかの意味の違いも出てくることになります。

たとえば、上の I *found that* Dave was studying in his room. という文は、「デイブが勉強しているということが（直接自分が見たのではないにしろ）わかった」という意味になります。これに対して、I *found* Dave studying in his room. という文ですと、「デイブが勉強しているのを自分は（直接）目にした」という意味合いになります。したがって、机の上などの道具から勉強していた形跡を見つけて、デイブが自分の部屋で勉強していたといいたい状況では、前者がぴったりした文ということになります。

同じような例として、次のふたつを比べてみましょう。

1. Ben *expected* Ann *to* marry him.
2. Ben *expected that* Ann would marry him.

1 は、to 不定詞の to が本来は目的地に向かうイメージであることから、自分が一方的に結婚するという未来を期待していたという描写になり、「ベンはアンが自分と結婚してくれると思っていたの

に、実際はそうならなかった」という感じになります。一方、2 ですと、that が本来は「あれ」と指す働きがあることから、その指すものがここでは that 以下の事実そのものであり、その事実性が強く出て、「ベンはアンが自分と結婚してくれると思っていて、実際にそうなった」という感じになります。この文には that 節が入っていますので、どうしても「突き放したような語り口」に響くことになります。その意味では that 節を使った文は、客観的な事実の報告などにぴったり合っているといえます。

なお、このような配列や距離が意味と密接に関係するという考え方は、次のように give のような一連の形式の文にも見られます。

   3.   Norma *gave* a piece of advice *to Fred*.
   4.   Norma *gave Fred* a piece of advice.

すなわち、4 のほうがノーマとフレッドの心理的距離が近くてそれだけ親しみが感じられます。3 の to Fred になりますと、ノーマがフレッドと一定の距離をとって、少し離れたところから忠告したという情景になります。なお、この考え方を推し進めますと、なぜ次の 2 つの文で後者の文が英語としてよくないかもわかります。

   5.   Kate *gave the door* a pull.
   6.   ×Kate *gave* a pull to *the door*.

現実的にドアを開けるためにはその取っ手に手をかけて引っ張る必要がありますから、give と the door が直接つながっている 5 が合っています。ところが、6 ですと give と to the door が明らかに少し離れた関係になっていて、とても手をかけて引っぱることはできません。したがって、意味的にこの文は成り立たないというわけです。

● **load の構文**

Q. 次のふたつの文は何か違いがあるのですか。どちらも「トラックに家具を積み込んだ」と考えていいのでしょうか。
We *loaded the truck* with furniture.
We *loaded furniture* onto the truck.

A. 前者は「トラックいっぱいに家具を積み込んだ」場合であり、後者は単に「トラックに家具を積んだ」だけで、果たしてトラックの荷台がいっぱいになったかどうかはわからない場合です。つまり、前者は load と truck は直接的に結びついており、「トラックをいっぱいにした、そのいっぱいにしたものは家具だ」といっているのに対して、後者は load と furniture の結びつきでわかるように、「家具を運んで乗せた、その場所はトラックだ」ということで、家具を運んで乗せたことが中心で、トラックは単に載せる場所として扱われているのです。

こうした全体か部分かは、ほかにも spray や paint などの動詞とその構文にも共通して見られます。下のふたつの英文の違いはわかるでしょうか。

1. *Spray the flowers* with water.
2. *Spray water* onto the flowers.

そうですね。1 では spray という動詞の次に直接 the flowers という名詞が来ていますから、その直接性のため影響力が強く「花全体に関わる」ことがわかります。一方、2 では今度は spray と water が直接結びついていますので、水をかけたのはわかるのですが、花全体にかけたという保証はありません。そのため、「花の一部分にかかわる」ということになります。

ここで先ほどの load the truck (with) の用例をコーパスで見てみましょう。

> My husband Dave and I *loaded the truck with* our backpacks filled with winter survival gear including big boots, water, food, map, GPS, headlamps, and Tasha's working harness complete with flashing neon light and bell.（主人のデイブと私は、大きいブーツ、水、食料品、地図、GPS、ヘッドランプ、そしてタシャの明かり用のネオンライトとベルがついた仕事用の馬具を含んだ冬のサバイバル道具一式が詰まったバックパックをトラックに積み込んだ）

このように、具体的に載せる荷物が出ているときは with ～ を付けて使われることがわかります。一方の load ～ onto the truck の例も見てみましょう。

> It became evident that Earl was a very lonely individual who looked forward to stopping by to chat with us as we dropped off and *loaded* furniture *onto the truck*.（アールはとても寂しがりな人で、われわれが車から降り、家具をトラックに積み込むときに、われわれと話をするために立ち寄るのを楽しみにしているということがわかってきたのだ）

● 「瓶ビールを飲む」場合

Q. 瓶ビールを飲んだけれど、1本全部飲んだかわからない場合、John drank the bottle of beer. といっていいのでしょうか。

A. John *drank* the bottle of beer. は、「ジョンは瓶ビール1本全部飲んだ」という意味になってしまいます。もし、飲み切ったかどうかははっきりしないのなら、John *drank from* the bottle of beer. ということになります。このあとに . . . but he didn't finish it. という文をつけても、文の流れとしては合いますが、Q の英文では論理上矛盾したつながりとなってしまいます。Q の英文では drink が直接的に the bottle と結びついていて、それ全体が影響を受け、「瓶1本を飲んだ」ことになるわけです。そこに from などが介在すれば、その直接性、全面性がトーンダウンされて、「瓶ビールのビールを飲んだんだ」ということが打ち出されており、飲んだけれど全部かどうかはわからないことになります。用例を見てみましょう。

For a while as we worked through resolving this issue, Jordan didn't like me to look at him while he *drank from the bottle*. Also, sometimes standing, swaying, or walking while bottle-feeding helped him relax. (しばらくの間、われわれはこの問題を決めるのに苦労したので、ジョーダンは瓶でビールを飲む間は自分のことは見て欲しくなかった。また、ひと瓶飲むと彼はリラックスでき、その間はときどき立ちながら体を揺すったり、歩いたりしていた)

同じことは、リンゴを「食べる？」と誰かに差し出すときにも見られます。もし「1個全部あげるから丸まる食べてよ」というのな

ら *Bite* this apple. といえますが、「ひと口分だけ食べてよ」というつもりなら、*Bite into* this apple. になります。理屈は先ほどと同じなわけです。用例を見てみましょう。

> The first person to *bite into the apple* would be the next one to marry. While the apple may or may not have had any ability to predict the future, it brought people. (リンゴをがぶっとひと口食べる最初の人は、次に結婚する予定の人である。リンゴは未来を予測する能力があるかもしれないし、全然ないかもしれないが、いずれにしても人々に何かをもたらすのだ)

英語圏にはこのようなジンクスがあるのですね。若い女性がひと口そっとリンゴをかじるわけです。これをもし bite the apple といったとたん、リンゴを早食い競争よろしく丸ごと食べてしまうわけですから、ロマンチックさはなくなってしまいませんか。

● **wound と hurt と injure**

Q. 自動車事故で大けがをした友人のことを説明するのに、My friend *was wounded* in a big traffic accident. といったところ、ここで wound は不適切だといわれました。でも be wounded は辞書にちゃんと「けがをする」と出ていますが。

A. 辞書には確かにそう出ていますが、この場合、けがの原因が何かによって、この wound を使う適不適が決まります。英語圏の人がこの動詞を聞くと、直感的に「戦争で負傷する」イメージを持ちます。その意味では次のような用例は wound の使われ方が実にしっくりします。

Around 1,100 US troops *were wounded* in Iraq in August, the highest one-month total so far.（8月にはイラクで1100人ほどの米軍兵士が負傷しており、これはこれまでのひと月の総計で最大の人数である）

この wound が the wounded と形容詞的に使われると、「負傷者」という意味になり、これも戦争・戦闘記事には必ずといっていいほど数多く使われています。

"The only reason for being here is to talk to (the) *wounded* and (anti-war protests are) just completely inappropriate."（「ここに来たただ1つの理由は、戦争で負傷した人たちと話すためです。そして、反戦活動は単にまったく不適切なものだというためです」）

では、交通事故などで「けがをする」のはどういった動詞でしょうか。軽いけがや何かの拍子に傷ついたりするのは、hurt が使われ

ます。接触事故などで軽傷を負った場合には、この hurt がいいでしょう。表現としては get hurt が一般的です。これは日常生活の会話でも実によく使われ、コーパスでも100万語当たり36回の使用例があり、頻度的にもけっこう使われています。

 Don't forget who *got hurt*. (誰がけがしたのか忘れるなよ)

 一方、事故で重傷を負ったような場合はどうでしょう。この場合、動詞としては injure が使われ、I *was injured* in a traffic accident. のように使われます。「瀕死の重傷」の場合には、seriously injured がよく使われています。ただし、かなり重傷の場合だけですので、get hurt に比べるとぐっと少なくて、コーパス結果では100万語当たり、わずか2回の使用頻度があるだけです。

 He *got injured*. He is OK. He was more concerned about his filing deadline than his head injury when I called him.
 (彼は重傷だったけど、大丈夫です。電話したら彼は、自分の頭のけがよりも登録の締切日のことを気にしていました)

 テロリストの爆弾などでけがしたときにも、この injured が一番合っているようです。

 On that move he *got injured* due to terrorist artillery fire.
 (そのときの移動の際、彼はテロリストの火器により重傷を負った)

 ついでに、主語に人間でなく自動車などがきて、「車がひどく傷ついた」ような場合には、今度は damage が使われ、Our car *was badly damaged*. のように使われます。

● 「座る」は sit か sit down か？

Q. 「草の上に座らないでください」という日本語を英語にするのに Don't *sit down on* the grass. としたところ、この down はいらないとして、Don't *sit on* the grass. と直されました。「座る」は sit down だと思ったのですが...。

A. この問題は、日英語の比較にとてもよい例となります。すなわち、日本語の「座る」は、座るときの動作にも、あるいは現に草の上に座っているときの状態にも、どちらにも使われます。その意味ではあいまいなので、それが上の問題が生じる理由です。そのあいまいさを区別するのに、座る動作を意味するときは、腰を下におろすという動作を意図する down を sit のあとにつけることになります。一方、sit だけですと、その座り方をあれこれ指定していませんので、皮肉って考えますと、中腰での中途半端な座り方でも一応「座る」ことになります。しっかり、たとえば、草の上に座るのなら、sit on the grass のように前置詞の on と草むらが特定化されることになります。また、同じように手漕ぎボートやカヤックなどですと、そこに乗るのも sit on top kayaks のような表現になるのも納得です。

> Ocean kayak *sit on top kayaks* provide an easy and affordable entry into the world of paddling. They are stable, easy to paddle and great fun for you, the children and the whole family... （上に座るタイプの外洋仕様のカヤックがあれば、櫂でこぐ世界へ容易にしかも手頃なお値段で入場できますよ。弊社のカヤックは安定していて、櫂でこぎやすく、お客様だけでなく、お子様、およびご家族全員にとっての大きな楽しみになるでしょ

う）

　自分の膝の上に誰か他人を座らせるなんていう表現も、この辺のメカニズムがわかっていれば、次のように簡単に表現できます。

> Harry's attempt to set a genuine world record for having people *sit on his knee*. It's great fun. Join in today, and be part of a world record attempt.（自分の片膝の上にずっと人を座らせておくという、本物の世界記録を打ち立てるというハリーの試みです。とても面白いですよ。今日参加してください、そして世界記録の試みを一緒にやりませんか）

　さらに、sit on the grass は、草むらの丈が短く、文字通りそれらの草の上に座る感じですが、もし草むらが丈が長く、その上に座るというよりも草の中に座るというようなイメージなら、sit in the grass という表現がなされることになります。そして、これらの描写の違いが聞いたり、読んだりする人の頭の中に、いまこの人はどんな状況でどんな座り方をしたのかという重要な情報を与えていることになるわけです。私たちは言葉を使うときには、いつもこのあたりのメカニズムをきちんと理解した上で、効果的な使い方を心がけることが大切なのです。

● 「登る」は climb か climb up か？

Q. climb という動詞は「登る」という意味だとばかり思っていたら、climb up という表現が出てきて戸惑いました。これは「登る」を強調していると考えていいのですか。

A. たとえば、「私はその山に登った」は英語でどう表わせばいいでしょうか。いくつかの表現が考えられますが、climb を使いますと I *climbed* the mountain. と書く人が多いと思います。もちろん、単純にこれでいいですね。英米人でもたいていの人はこのように書くでしょう。しかし、中には I *climbed up* the mountain. と書く人も見られます。これらは何が違うのでしょう。

これまでの英文法の解説では、前者は他動詞で、後者は「自動詞+前置詞」の動詞句といった説明がよくなされます。しかし、私たち日本人の感覚からしますと、「登る」が climb なら、なぜわざわざ up などをつけたんだろうかという疑問が生じます。すなわち、climb と climb up は一体何が違うんだろうかということと、「登る」にいちいち up をつけるということは、ひょっとすると climb down という言い方もできるんではないのか、といった素朴な疑問です。

先ほどの2つの文で、ふつう「山登り」では前者のほうが多く使われるのは当然ですが、後者を使うときには何かを意識した形で使われます。それは climb といえば「山に登って、登りきった」という全体的な山登りの行為の感覚ですが、climb up といえば up を意識した表現であり、登ったことは登ったが登りきったかどうかはわからない、というような感覚が生じてきます。また、急な斜面をよじ登ったとか苦労して登っているようなイメージがついて回る場合です。もっとも、いつでもそういった意識で使われているかとい

えば必ずしも厳密に使い分けているのではなく、ある程度のおおらかさはあるようです。

　結局、climb は「手足を使って努力して上や下に移動する」ことで、ふつうは上に移動しますが、climb down ともいえることから、climb は必ずしも「上に登る」とイコールではないわけです。すなわち、上下への移動ではあくまで「登る」が基本となりますので、Let's climb. といえば「上」に移動することを指すことになるわけです。

　さらに、climbed Mt. Fuji といえば「富士山に登って頂上まで行った」ことで、完全に山全体を征服して成功した感じが出ますが、もしこれを climbed up Mt. Fuji といえば、「富士山に（降りたのではなく）登ったんだ」という意味で、その場合には頂上まで行ったかはわからないことになります。次の用例は登山ではないのですが、climb と climb up の用法の違いが出て興味深いと思います。

> She tried to strike the porcupine with a stick, but the animal *climbed* just out of her reach. . . . But every time that the girl *climbed up*, the porcupine kept ahead of her. "Sapana, you are too high up," one of her friends called from downward.（彼女は棒でヤマアラシをたたこうとした。しかしその動物は彼女が届かないところまで登って行った. . . .しかし、彼女が上へ登るごとにヤマアラシは彼女の前を進み続けた。「サポーナ、高く登り過ぎだよ」友人のひとりが下でいった）

● expect の意外な意味

Q. expect といえば辞書にまず「期待する」という意味が出ています。そこで、He's expecting. といえば、「彼は何かを期待している」ということになります。しかし、これがひとたび She's expecting. となると、特別な意味が生じると聞きました。それはどういった意味でしょう。

A. 現代英語でも実によく目にする表現で、「彼女は妊娠している」という婉曲的な意味になります。ここで expect は他動詞ですので、原則としては目的語が必要です。本来なら She's expecting a baby. となりますが、a baby がわかっていることなので省略されたと考えればよいでしょう。英語だけでなく言語にはよく見られる現象です。もちろん、具体的に「誰かの子どもを妊娠している」というときは、次のように表現することもあります。

> Courtney Love has denied reports *she is expecting Steve Coogan's baby*.（コートニー・ラブは彼女がスティーブ・クーガンの子どもを妊娠しているとの報道を否定した）

いずれにしても、これは be pregnant（妊娠している）という直接的な言い方を避けた婉曲的な言い方になります。そのため、最近では、妊娠したことを誇らしげにはっきり She's pregnant. ということも多いようです。もう少し be expecting の用例を見てみましょう。

歌手のブリトニー・スピアーズがかつて妊娠していて、ふたごかという記事は次のように紹介されています。

> Britney Spears has announced that she is expecting a

Part 4　動　詞

baby, ending months of rumours that she was pregnant. ... For a long time Britney has been denying *she is expecting*, even though she has been spotted reading books on pregnancy.（ブリトニー・スピアーズは、彼女が妊娠しているとする何ヵ月にもわたるうわさを終わらすべく、自分は現在妊娠中であると公表した。ブリトニーは妊娠に関する本を読んでいる姿を何度か目撃されたが、長いこと妊娠を否定し続けてきたものである）

　もちろん expect 全体の使用頻度で見ますと、この用法は実は全体の 0.3% 程度とそれほど多くはありません。もっと多いのは、いろいろなものや事柄を「期待する」という使われ方で、たとえば「明日雨が降るといいなあー」といった期待などは、その典型といえます。今朝のニュースでも、雨不足で悩んでいる地域で久しぶりに雨が降るという予報が出て、次のような英語で表現していました。

　The meteorologists *are expecting* rain for tomorrow.（気象関係者は明日は雨が降るだろうと予測しています）

● **I want のニュアンス**

Q. 今度、アメリカに留学することになったので、アメリカ人の英会話の先生に推薦状を書いてもらいたいと思い、Mr. W, *I want you to* write a letter of recommendation for me. といったところ、むっとした顔をされて断られてしまいました。どうしてでしょうか。

A. 上記の英語は文法的には何の誤りもありません。この「正しい英語」表現になぜアメリカ人の先生は気分を害したのでしょうか。もちろん、先生は言葉の無礼さは、単なる無知によるものだと思ったでしょう。しかし、文法的に正しく比較的流暢に英語を話せるからこそ、その不適切な英語表現は留学先のアメリカで、危ない「文化摩擦」を起こしかねないと不安になったのかもしれません。この「〜して欲しいんですが」というお願いに当たる英語表現を、日本人学習者は日本語に引きずられてしまい、つい I want you to 〜 という形式を使ってしまいがちです。しかし、実は、I want . . . 構文は「何かが足りない（= want）ので、相手にそれを補って欲しい（= want）という相手に対する自分の要求」を示している、きわめて自分本位な表現のひとつなのです。そのためほかの人に使うときには、くれぐれも注意する必要があります。次のような敬意表現を知っていたならば、まじめな先生の心証を害することはなかったのです。

  I would like to ask you 〜.
  I wonder if I might ask you 〜.
  Would you mind 〜?
  Could you please 〜?

次のように、推薦状を書くことはふつうの人にとってはめったにないことなので、書く側も覚悟がいるわけです。

> As an employer, coworker or friend, you may at some point in your career be called upon to write a letter of recommendation. (雇用者、同僚あるいは友人として、あなたの職歴のある時点で、推薦状を書いて欲しいと頼まれるかもしれない)

大学の教師の場合はたいてい、教え子の推薦状を書くことになりますので、いちいち教えた学生のことを覚えているのかどうか、書く段になると大変です。

> As faculty sit down to write a letter of recommendation they often find they cannot remember important information about a student. (大学教員はいざ座って推薦状を書こうとすると、しばしば学生についての重要な情報を思い出せないということに気づく)

ですから、くれぐれも礼を失わないように頼み方だけでなく、できれば自分の簡単な在学中の履修科目や活動などをまとめたものを持参するくらいの、心づかいが必要だと思われます。

● clear は何を「片づける」?

Q. Please *clear the table* when you are done with dinner. という文は、「夕食が終わりましたら、テーブルをきれいにしてください」という意味ですが、テーブルの足を折りたたんだりしてテーブル自体を片づけるという意味にもなるのでしょうか。

A. clear the table は「テーブルの上にあるものを片づける」という意味です。パーティなどで、「ねえ、ちょっと誰かテーブルのもの、片づけてくれる?」というのは、Could someone please *clear the table*? といえばいいですし、テーブルのあと片づけを手伝い、皿洗いまでやりますよと申し出るのなら、offer to help your host *clear the table* and clean dishes のようになります。次の用例も参考になります。

> After we had finished eating Thanksgiving dinner at my aunt's house, I said I would help *clear the table*. (おばの家で感謝祭のディナーを食べ終わってから、テーブルの上を片づけるのを手伝うといったんです)

さて、clear the table は、テーブルの上の皿などを台所に片づけるという意味になることはわかりましたが、テーブルそれ自体を片づけるという意味では使われないのでしょうか。実は、テーブルそれ自体を片付けるときには、*clear* the table *away* のように away が必要なのです。

この問題を考える際、同じ「片づける」の意味でよく使われる、clear the road が参考になります。これは「道路の上にある車などをすべて撤去する」ということで、ちょうど道路がテーブルの代わりになるわけです。道路の場合、道路それ自体は片づけることは

できませんので、あくまでその場所を占拠しているもの(それはときには車だったり、道路標識だったり、あるいはデモ隊だったりします)をそこからなくして、道路自体がちゃんと見えるようにする、ということになるわけです。

下の用例は具体的にどんな障害物を撤去したのかがわかる点で参考になります。

> A construction crew traveling in a bus just ahead of us *cleared the road* of fallen trees, abandoned cars and snowslides. (われわれのちょうど前をバスに乗って旅行していた建設作業員の一団が、倒れた木や乗り捨てられた車、それに雪崩の雪などを道路から撤去してくれた)

なお、この clear はまた形容詞として、同じ形容詞の clean が「清潔さ」を強調するのに対して、「あるものが透き通っていて向こう側が見える」といった意味を表します。わかりやすくいいますと、clear the table なら、テーブルの上に皿などの食器があって、テーブル自体が見えにくくなっているので、上にあるものを取り除いて、そのテーブルが見えるようにする、という感覚だといえるわけです。

● 「間違っている」は mistake か？

Q. 「ここが君の間違っているところだよ」と指摘してあげるつもりで、This is where you *mistake*. といったところ、逆に英語が間違っているよといわれてしまいました。どういえばよかったのでしょうか。

A. この誤りは日本人がよく犯してしまうもので、万一、日常生活でこういってしまってもほぼ問題なく通じます。ただ、あくまでも正しい英語の観点からしますと、誤りであることは事実です。問題は動詞の mistake の使い方です。この動詞は「間違いをする」という意味ではもちろん、そのまま動詞として使えますが、日本語の「間違っている」をそのまま mistake としますと、「間違いをする」という現在の行為になってしまい、「間違っている」という現在の状態とは違った意味になってしまいます。過去形で mistook とするか、名詞として使ってやはり過去形で made a mistake とすれば、英語としては適切ですが、今度は日本語では「間違った」と過去になってしまうというややこしさがあります。

いま現在、何か目の前に間違えたものがあっていう場合は、you are mistaken のように現在形で受身にすればいいのです。そうすれば、何かの原因で間違えさせられた状態にその人が現にあるという被害者の感じも出ます。

"Sorry, but, you *are mistaken*, Jim," exclaimed the president. (「ジム、悪いけど、君は間違えているよ」と大統領は大声で叫んだ)

この問題と関連している他の動詞の代表例は understand や forget です。次の日本語はそれぞれ英語ではどのように表現するかわ

Part 4　動　詞

かりますか。

1.　「わかった？」「はい、わかりました」
2.　「忘れました」

まず、ここで 1 に当たる英語は、次の 2 つです。

1′-1　"*Did* you understand?" "I *understood*."
1′-2　"*Do* you understand?" "I *understand*."

この 2 つは、ニュアンスと使われる状況はかなり違います。前者は「(いまはともかく)あのときは理解できたか？」「はい(あのときは)理解できました」というのに対して、後者は「いま現在、ちゃんと理解はできてるね？」「はい、理解できています」ということです。

ですから、以前のことは関係なく、「わかるのか」と確認する意味では、後者がもとの日本文の意味に合っているといえますが、どうしても「〜た」という過去を示す言葉に引かれてつい 1′-1 のような英語を口にしてしまうわけです。1′-1 が使われるのは、たとえば「お前はあのときちゃんと理解してたのか？」というニュアンスを出すときや、特に、「(当然、前にもやってるはずだから)わかってるはずだな、また、同じことをいわせるなよ！」と警告するような場合です。

次の用例は軍隊の内部での会話です。

"Did you say you saw him in the barrack?" "Yes, sir." "*Did you understand* that area was strictly restricted?" "Yes, sir, yes. *I understood*." (「兵舎で彼を見たと？」「はい、見ました」「でも、あそこは厳重に立ち入り禁止地区だということは知っていたな」「はい、知っていました」

Part 5

準動詞・時制

● 不定詞・分詞・動名詞

Q. よく英語の受験対策などで準動詞が攻略のカギだとか重要だとかいわれています。また、その対策のための練習として、不定詞・分詞・動名詞などは書き換え問題などによく出ますが、それらの使い方がうまくできなくて困るのですが…。

A. 確かに英語がどういうものか、その特徴やクセを理解するのに、この準動詞と呼ばれるものはとってもいい題材です。準動詞には不定詞、分詞、動名詞の3つがありますが、まずこの3つは一体どういうもので、一般の動詞とはどんな点で違っているのかをきちんと知っておくことが大切です。

最初に不定詞を考えてみましょう。ここで「不定」というのは「定」ではないということです。この場合の「定」というのは、一般の動詞を指しています。つまり、一般の動詞なら文の中で使われるとき、ふつう現在形、過去形などの形に変化します。過去形ですと -ed 形になったり、現在形では三単現の -s をつけたりするわけです。そうです、このように時間などに応じて「形を定めることができる」場合、それが「定」なわけです。ですから、「不定」詞の場合には、そのような時間に影響されず、時間にかかわりなく形がいつも「不定」だといっているわけです。

次に、分詞とはどういう意味でしょう。「分」は「分かれる」という意味ですが、何が分かれているのでしょうか。それは分詞というものはふつう、現在分詞なら be-ing、過去分詞なら be-en (-en は過去分詞形で、ふつうは -ed で終わりますが、便宜上よくこのように書かれます)のような形式で表されていますが、現実に文の中で使われるときは必ず動詞と一緒に使われています。そして、使われるときに動詞をはさんで、be go-ing や be open-ed のようにふた

つに分けて使われるのです。もちろん、これが原則でその応用・発展としては、be動詞の部分が省略されて、-ingや-edと動詞だけが一種の形容詞のように使われている事例もけっこう目にします。でも、大事な点はあくまでも、それらの使われ方でも、もとは先ほどの基本形であるということです。

　では、最後に動名詞とはどういう意味でしょう。これは文字通り「動詞であり名詞でもある」ということです。動詞であるというのは、本来は動詞でしたから当然ですが、では名詞というのはどういうことでしょう。動詞は基本的に名詞をつなぐ働きをしますが、その場合の名詞はほとんど日常私たちのまわりにあるいろんな「モノ（人を含む）」になります。しかし、私たちの日常生活ではそれだけで複雑な出来事や状況などすべてを表すことは不可能です。日本語で考えてみましても、「ずっと勉強しているのはいやだ」や「タバコの吸いすぎはからだによくない」などのように、いろんな抽象的な描写として一種の「コト」（事柄）として表現することができますし、またそのようにできればとても便利です。そして、この便利な働きをしてくれる、動詞と名詞のふたつの顔を持つものが動名詞というわけです。

　日常生活の掲示や表示でよく使われる不定詞、分詞、動名詞の用例をコーパスの高頻度のものからあげておきましょう。

　　不定詞：　*To open*, cut here.（開けるには、ここを切ってください）
　　分　詞：　*Made* in Colombia（コロンビアにて製造）
　　動名詞：　*Smoking* is restricted or banned in almost all public places.（喫煙はほぼすべての公共の場所で制限されているか禁止されています）

● to 不定詞と動詞-ing はどう違うのか？

Q. to 不定詞と動詞-ing は書き換え練習でけっこう出てくるものですが、その練習をするときの注意点と、このふたつの違いについて注意すべきことは何でしょうか。

A. ことばの原則は「形が違っていれば意味も違ってくる」ということですから、単純に書き換え練習でどちらも同じような意味と考えるのは危険です。では、to 不定詞と動詞-ing のふたつの形式はどんな点で違うのでしょうか。例をあげてみましょう。たとえば、「タバコを吸うのは健康に悪い」という意味を表現するのに、不定詞、動名詞をそれぞれ使って、次のようにいえます。

1. *To smoke* is bad for your health.
2. *Smoking* is bad for your health.

このふたつは形式的な書き換え練習では、よく同じような意味で扱われてしまいますが、実は微妙な点で違いがあります。

まず、to 不定詞の to に注目してください。もともと、この to は前置詞で、その意味は「あるものに向かい合っている」という状態です。向かい合っているわけですから、これからのことや目標地など、未来や目的などと意味的にも大変結びつきやすいことがわかります。この視点で 1 を見ますと、「タバコを吸うという動作に向かい合って、そうしようとすることは、あなたの健康に悪い」というような意味だということがわかります。あくまで「タバコを吸おうとすること」という、これからの動作を意識しています。

一方、動名詞を使った 2 では、smoking というのは「タバコを吸っている状態そのもの」ですから、「タバコを吸っている状態そのものはイコールあなたの健康に悪い」といったような意味で、この

Part 5 準動詞・時制

同時性・状態性がポイントになっています。

このように、不定詞の to smoke が「(これから)タバコを吸おうとすること」という未来志向なのに対して、動名詞の smoking は、ある行動に入っていて、それがいまも続いていることを意味します。この -ing 形は、「...しているところだ」から、そのまま「...していること」といった本当の名詞のような使い方ができます。

その典型的な例は building でしょう。「建設しているところだ」から「建設していること=建設」になり、最後は建設の結果できた「建築物」まで指すようになったわけです。

たとえば、That condo *is* still *building*.(あの分譲マンションはまだ建築中だ)なら進行を表している形容詞に近い感じですし、*Building* skyscrapers in Shanghai is really tough.(上海に高層建築を建てるのは本当に大変だ)なら「コト」を表している名詞であるといえます。そして、最後には This is *a building* we built.(これはわれわれが建てた建物だ)となると a がつくことでもわかりますように、完全に名詞となって具体的な「モノ」になったわけです。

では、ここでコーパスから上でも扱った「喫煙の禁止」の表示の表現で、smoking をキーワードに世界中でどのような「禁止のされ方」が多いのか、用例とともにあげておきましょう。

Smoking is prohibited in all buildings at all times.(すべての建物で終日禁煙)[この形式と prohibit という動詞が最も多く、全用例の 67% を占めている。少ないが forbid も見られる(頻度は 13%)]

Smoking is banned in most federal buildings.(ほとんどの連邦ビル内は喫煙厳禁)[くだけた口語的な形式では、この ban も目立つ(頻度は 8%)]

101

● **have gone to** と **have been to**

Q. have gone to と have been to は同じような意味で使われると聞きましたが、その意味や微妙な違いなどがよくわからないのですが...。

A. たとえば、Ken *has gone to* America. はふつう、「ケンはアメリカに行ってしまった」と訳しますね。その意味は「ケンはアメリカに行って、いまここにいない」ということです。すなわち、gone to America によって「アメリカに実際に行った」ということを（gone は行った（went）ということを含みます）、そして has によって、ケンが現在もアメリカにいるということが含意されているわけです。よく兵隊に取られて「戦争に行ってしまった」といいますが、英語では They *have gone to* wars. のようにいいます。

興味深いのは、その同じ路線で、「図書館に行っています」というメモ書きでは、*Gone to* the library とするという事実です。これは日常生活でも大変よく使われる表現ですが、I have が伏せられた表現であり、自分が図書館に行って、このメモを受け取る時点ではまだそこにいるということが含意されています。つまり、図書館に行ったという過去の事実（経験）がいまも有効であるというのが *Gone to* the library だといえます。ちなみに、このタイプの表現で日常会話で最も多いのは、gone shopping です。

さて、冒頭の Ken *has gone to* America. に戻りますと、この文では原則として、ケンがアメリカに行ったという過去の事実が現在とのかかわりで述べられているのであって、そこから「いまここにいないでアメリカにいる」という解釈が自然となされているわけです。したがって、もしケンがいま日本にいるという前提で話が進んでいるのであれば、go が「行く」という意味からも、Ken *has gone to* America. が「ケンはアメリカに行ったことがある」という経験としても使われることがあります。

　もし会話している際に、**By the way,** *have* you *gone to* America? なら、目の前の人にいっているので、よりその意味が理解できますね（文法の理屈の上では変な感じですが、用法としてはアメリカで使われています）。

　一方、Ken *has been to* America. ですと、ふつうこの文は「ケンはアメリカに行ったことがある」と訳されて、経験としての意味合いが全面に出てきますし、Ken *has been in* America. になりますと、「アメリカにいたことがある」という滞在の意味合いが強く出てくることになります。

　アメリカのジョーク番組に、次々に最近したこと（経験）を質問するというのがありましたが、**have you gone** も含まれていてとても参考になりますので、あげておきましょう。

> In the past month have you smoked？— No.
> In the past month *have you been* on drugs? — Of course, not!
> In the past month *have you gone* on a date? — Nope.
> In the past month *have you gone* to a mall? Yes. — Twice.
> In the past month have you eaten a box of Oreos? — What?
> （ここ1ヵ月の間、タバコは？―いや。/ ヤクは？―もちろん、ノーだ。/ じゃ、デートは？―なし。/ ショッピングモールへ行ったことは？―うん、2度。/ オレオを食べたことは？―何だって？）

● 現在完了形と過去形

Q. 「もう仕事は終わったの？」というつもりで、Have you finished your work? と聞いたら、同僚のアメリカ人は Did you finish your work? と聞いていました。この場合、どちらでもいいのでしょうか。

A. 現在完了形と過去形は別の表現形式ですから、使われる場面や、その意味も違ってくるはずです。しかし、現実には、どちらでもよいという場合があります。

たとえば、Have you ever seen Mary?（メアリーに会ったことある？）と現在完了形で聞いたのに対して、Yes, I saw her a couple of times.（ええ、2、3度会ったことあるわよ）と過去形で答えることは可能ですし、「ちょうど手紙を書いた（ところだ）」を別に必ずしも I have just written a letter. でなく、I just wrote a letter. ということも可能です。現在完了形の「完了」「経験」「継続」の3機能のうち、完了と経験は過去形で表すことが可能になっています。

しかし、ここで「可能です」というのは、意味が同じということではない点に注意する必要があります。過去形は純粋に現在と切り離して「過去」として表現する形式ですし、現在完了形は have の作用により、「現在との関連性」が強調されている点は注意しておきたいところです。

とりわけ、現在完了形の中でも継続用法の場合は、過去形で類似した意味を表現することはできません。It has been snowing for two weeks. だと、「もう2週間ずっと雪だ」という意味ですが、これを It was snowing for five days. としたのでは、「過去に、5日間雪が降り続いた時期があった」の意味になり、現在との関連性はまったく絶たれてしまいます。完了や経験などの用法は、もうすん

だことやかつてのことなので、何とか似た内容を過去形でも表現できますが、継続になるとそうはいかないということです。

さらに、完了用法でも否定文になると事情が異なってきます。日本語で「あの家に押し入っただろう？」と聞かれれば、「押し入っていません」と答えるように、英語でも I *haven't broken* into the house. であって、I *didn't break* into the house. としたのでは、意思でもってその家に押し入ることをしなかったという意味合いが出てしまいます。そう考えると、現在完了形の独自性は、継続用法と否定文に特にはっきり現れているといえるかもしれません。

その点から Q の問題を考えますと、*Have* you *finished* your work? と *Did* you *finish* your work? は、同じように「仕事は終わったの？」と聞くときに使われる用法で、先ほど来述べてきましたように、単純に終わったかどうかと聞くには後者が、終わらせた結果のほうに視点があって、その結果が間違いないのかといったことにこだわりがあって聞くときには、前者が合っていることがわかります。また、コーパスで見ますと、前者ではそのこだわりから文の最後に、yet（もう）や already（もうとっくに[「えっ、もう終わったの？」という驚きがある]）などをつけた例も、けっこうある点は興味深いです。

用例を 1 つあげておきましょう。

> "*Have* you *finished* your work *yet*?" "Oh, yes; I had a great deal to do this afternoon."（「もう仕事終わった？」「ええ、午後はやることがたくさんあったのよ」）

● **なぜ仮定法では現在のことに過去形を使うのか？**

Q. 仮定法というのがありますが、どうして現在のことなのに過去形を使うのかわかりません。たとえば、「鳥だったらなあ」というのは望んで将来は鳥になりたいと思っているような感じですから、I wish I am a bird. や I wish I will be a bird. ではだめなんですか。

A. 仮定法は現実にはない仮想の状況を作り出して、その中で「あることがどうだ」と述べる方法を提供します。そして、その仮想の状況を作る目印（信号）の代表が if という接続詞ということになります。現実の空間では、過去 → 現在 → 未来と時間が流れていくという感覚を持ちますが、現在のことをそのまま現在形で語れば直接的な語りということになってしまいます。つまり、なんらかの方法で「これは仮想のことだよ」ということを示す必要があるというわけです。

英語では if がそのひとつだといいましたが、実はそれ以上に時制を調整することで、それを行う方法があります。それが仮定法と呼ばれるものです。その時制の方法は原則として「ひとつ時間をさかのぼらせる」というやり方が使われるのです。すなわち、現在のことに関心があれば過去形を、過去のことであれば過去完了形を用いるというようになるわけです。そして、そこから現在のことを述べるには仮定法過去が、過去のことを回想して述べるには仮定法過去完了が使われるということになるわけです。

では、問題は未来です。どうして仮定法未来は過去形を使うのでしょうか。未来を展望して語るときに動詞の未来形という形式そのものは特にありません。現在形の will や be going to がそのまま使われるのです。そして、先ほどと同じ方法で未来に焦点を合わせた仮想の状況を作り出すときにも、「現在形から過去形にさかのぼ

る」という原則が働くことになるわけです。そして、そこから仮定法未来の if 節では would, were to, were [was] going to などが使われるようになるというわけです。

なお、Q にある *I wish I were* a bird. は、いい意味でも悪い意味でも日本の英語教育では、実にワンパターンな英文ですが、この構文自体は、日常生活でもけっこう使われています。さすがに、いきなり I wish I were a bird. などというケースは少なく、次のような使われ方が多いようです。

I wish I were more attractive. (もっと魅力的だったらなあ)
I wish I were dead! (もう死んだほうがよかった)

ついでにいいますと、実は現在の英語では、この構文は I wish I was ～ のように was をとるケースが、特に会話や口語表現には多く見られ、アメリカ人の日常会話コーパスを見ますと、文法的に正しいとされる were の 1152 使用例に対して、was は 169 例となっています。そして、それが 40 歳以下の人の使用率で見ますと、were の 32% に対して was が 68% にも達していることから、こちらのほうが標準化するのは時間の問題だといえましょう。

用例として、アメリカの高校生が実際にクラスで発表した英文をあげておきます。どこの国にも悩みを持った若者がいることがわかります。

I wish I was a little bit taller. (もうちょっと背が高かったらなあ)

● I was wondering if 〜 と I wonder if 〜

Q. I was wondering if 〜 は過去進行形で使われて、単に I wonder if 〜 という現在形でいうよりも丁寧な表現になると聞きました。それはどうしてなのですか。

A. これは面白い問題で大きく 2 つの注意すべき点があります。1 つは、単なる過去形ではなく過去進行形の形になっているということです。進行形は「あれこれ考える」行為に継続性や連続性を与えるため、そのことに気持ちが向かっているという意味を伝える効果があります。I wondered 〜 だと「終わってしまった」という意味が強く出て、「だからどうしたのか？」という意味合いが出てしまいかねません。

　もう 1 つは、現在形ではなく過去形であるということがポイントになります。もし I'm wondering if 〜 といえば、いま、ただ不思議に思っているということを相手に直接いうわけですから、相手にそれに対して何らかの答えをするという負担をかけることになってしまいます。一方、I was wondering if 〜 だと「不思議に思っていたの」ということで、間接的ですから、必ずしも答えはいらずに単に「そうだったの？」くらいのあいづちですみます。

　日本語でも「あなたはどうしたのかなって思っていたの」というほうが、ほかの人への配慮が感じられるのと同じです。「あなたはどうしたのかなといま思っている」だと不自然なばかりか、押しつけがましい感じを与えてしまいますが、英語でも事情は同じというわけです。

　とにかく、これらのふたつの注意すべき点をきちんと理解しておけば、日常けっこう耳にする別れの挨拶なども、*I'll see* you. 対 *I'll be seeing* you. では、微妙なニュアンスの違いが感じられること

もわかってきます。

では、先ほどの I was wondering if 〜 の用例をあげてみましょう。この表現は未知の人などにお願いするときによく使われますから、書きことばとしても会話の際にも、とても便利です。特徴として、人ごみなどで誰かにちょっと手伝って欲しいときの丁重な言い方になります。

> *I was wondering if anyone* could help me.（ちょっとどなたか、助けていただけませんでしょうか）

この形式で if anyone 〜 というつながりがけっこう使われます。（もちろん、未知の人に丁重に物を頼むときの言い方ですから、ひったくりなどにあったときには、そんな悠長なことではいっていられません。(**Somebody!**) Help me!（(誰か!)助けて!)のように、簡潔に思い切って大声で叫ぶことは当然です。）

また、この表現は次のように、there is とも相性がいいのが特徴です。自分が知らないことなどを教えてもらったりするので、はじめて話題を出すときの there is 構文とマッチしやすいのです。

I have a few questions for you, maybe you could help me — *I was wondering if there was* disco music in Japan, something like salsoul orchestra during the late 1970s?
（ちょっといくつか質問があるんですよ、助けてくださいませんか —— 日本には 1970 年代の終わりごろにサルソウル・オーケストラのようなディスコ音楽がありませんでしたか）

Part 6

助動詞

● 丁寧さを示す would と could

Q. 会話で would や could は丁寧さを示すのによく使われていますが、それらの使い分けがはっきりしなくて困っています。

A. 確かに、現在形の will や can でしたら何となく使い分けはできるのに、それぞれの過去形である would と could の使い分けが難しいという声は聞きます。これは、まず現在形をもとにして考えると、わかりやすくなります。

原則は、will はもともと名詞で「遺言書」を意味することからもわかりますように、「意志」を表しています。一方、can は「能力」を表しています。たとえば、「ドアを開けて欲しい」場合、*Will you open the door?* といえば、「ドアを開けて欲しいが、開けてくれる意志はあるのか」と聞いていることになります。一方、*Can you open the door?* なら、「ドアを開けて欲しいが、開けてもらうことはできるのか？」と聞いているわけです。

これが過去形になりますと、現在の状況であえて過去形を使うことで、時間的な隔たりを持たせて「仮定の状況設定」をしているわけです。たとえば would を使えば、「こんな仮定の状況で考えたとき、もし仮にドアを開けて欲しいと思ったら、開けてくれる意志はあるのだろうか？」と、かなり回りくどく間接的に聞いていることがわかります。同じことは、could についてもいえ、*Could you open the door?* といえば、「こんな仮定の状況で考えたとき、もし仮にドアを開けて欲しいと思ったら、開けてもらうことができるのだろうか？」と、やはり間接的な表現になっています。

ですから、could と would はどちらも丁重ではあるものの、相手の意志を重視するような状況では would が好まれて使われることになりますし、could は実際に可能かどうかという能力や可能性

を重視するときに合う表現だということがわかります。たとえば、ある女性にまったく自信がなくてプロポーズするときに、次のような表現で揺れていますが、その気持ちがわかりますね。

> George: Emily, if I do improve and make a big change ... *would you* be ... I mean: *could you* be ...
> Emily: I ... am now; I always have been.
> （G: エミリー、もし僕が一生懸命、人間に磨きをかけて変わったら ... もしよければ ... つまりそのう、もし可能なら ...
> 　E: もう心はあなたと一緒ですし、これまでもずっとあなたと一緒でしたわ）

では、次のような場合はどうでしょう。

> *I'd say* John's wrong.（私だったらジョンが間違っているといいたい）

このような would は「（私）だったら; （私の）場合は」という意味を表します。これは、「もしも私にいわせていただければ」という奥ゆかしさを言外ににおわせています。ですから、ただ単に次のように意見をいうより、当然、控え目になるわけです。

> John's wrong.（ジョンは間違っている）

また、この I'd say に probably を伴った I'd probably say ... の形式は、よりトーンダウンして「もし私にいわせていただければ、たぶん[おそらく]ですね ...」と、暗に「ひょっとしたら気を悪くしたり、当たっていないこともありうるけど」のような含みが入ることになります。

● **used to** と **be used to**

Q. 動詞の use は「使う」という意味なのに、どうして used to では助動詞扱いになって、「よく〜したものだ」という意味や、be used to で「〜に慣れている」といった意味になるのでしょうか。

A. 確かに use は動詞として「使う；利用する」という意味ですが、それが過去形になることで「すでに使った[使われた]」という意味を表す形容詞になります。そして、その「すでに使われた」ということは、はじめてではないのだから、「慣れている」という意味になり、助動詞として定着しました。それが be used to 〜 です。たとえば、I *am used to* Korea. といえば、ちょうど I *am accustomed to* Korea. と同じような意味を表すとされています（accustomed の custom も「慣習」という意味である点に注目してください）。この to のあとには名詞だけでなく、動作を伴う動名詞もきます。たとえば、I *am used to* hard work. は、I *am used to* working hard. という動名詞でも表すことができるわけです。なお、発音するときは、used はもともと [juːzd] ですが、used to になると後続の to の影響で、[juːstə] のように無声音化します。この現象は一種の助動詞のようになった表現にはよく見られます。have to はその典型で、口語英語では発音に影響を受けた hafta のような綴りも散見されます。

では、He *is* not *used to* Tokyo. と同じような意味を、どのように動名詞を使って表せばいいでしょうか。そうですね。He *isn't used to* living in Tokyo. ということになります。

さて used は、「すでに何度も使った[使われた]」の意味から、今度は「過去の習慣」という意味が生じてきます。

Part 6　助動詞

用例で見てみましょう。まず過去の習慣を表す used to ～ です。

> We *used to* play baseball in the sandlot when we were young.（若いとき、よく空き地で野球をしたものだ）

また、「以前は...であった」という意味で、次のようにも使われます。ここで used to be はほとんど was と同じような意味であり、what it was という英文も使われています。

> Valentine's Day isn't what it *used to be*.（バレンタインデーはかつてのものと違う）

次は「慣れ」を表す be used to ～ です。

> I *am used to* tiny supermarkets, bodegas and gourmet groceries where the aisles are barely big enough to walk down. I *am used to* a limited selection at each store.（小さいスーパー、雑貨店、食料品店などに慣れていて、そういったところは通路がようやく通れるくらいの広さなんです。また、それぞれの店の品ぞろえがごく限られていることに慣れているんです）

be used to ～ing の用例もあげておきます。

> Even though I have come up with my own questions in the past, I *am used to receiving* questions from the instructors and answering them. Yes, I *am used to being* responsible for being prepared to answer lots of questions.（これまで自分でもわからないことがあったけれど、教師からの質問を受けて、それらに答えるのに慣れているんです。そう、たくさんの質問に答える準備をするという責任に慣れているんです）

● **should と ought to**

Q. should も ought to も「〜すべきだ」と訳すところから、この2つは同じ意味だと思ったのですが、If something *should* happen, please call me right away.（もし万一何か起こったなら、どうかすぐに私に連絡してください）のような文では、ought to が使えないということです。これは何か理由があるのですか。

A. 実は助動詞の中でも should と ought to の違いは、専門家の説明でもいまひとつはっきりしません。We *should* have been more alert to the dangers of a nuclear power station.（原子力発電所の危険性にもっと注意しておくべきだった）という文は、ought to have been でそのまま置き換えることができますし、You *should* be strict with yourself.（あなたは自分に厳しくすべきですよ）を、You *ought to* be strict with yourself. としても意味に大差はありません。

確かに、この両者を区別することは容易ではありませんが、何らかの違いはあるといえます。まず、should は「事実としてある行為が達成されてしかるべき、（だが）いまだ達成されていない」という意味であり、話し手が行為の達成を強く望めば「提案」「義務」「推量」「必要」の意味合いが、そして、事実として起こる（起こった）事柄をあまり予期していなければ、「万一」「用心」「意外性」の意味合いが強調されることになります。ここでは、「いまだ達成されていない」ということを前提に、達成を望むか、達成されることがありそうにないと思うかの違いが出てきます。

一方、ought（to）の ought はもともと owe の過去形であり、そこから何らかの「負い目」があり、負い目の対象に対して to 〜となるわけです。すなわち、あることがらに対して「そうすること

が正当である[好ましい]」ということを示しているわけですから、正当であること[好ましさ]が強調されることになります。そこで、really との相性がよく、You *really ought to* do it. という言い方が自然です。

さて、両者の違いについて、以下の事例では、should はよくても ought to は使わないか、不自然だという事実をあげることができます。

「万一」
If something *should* [×*ought to*] happen, call me. (もし万一何かが起こったら、私に電話してください)

「必要」
She insisted that her husband *should* [?*ought to*] quit smoking. (彼女は自分の夫が禁煙すべきだといい張った)

「用心」
We spoke in a low voice for fear that we *should* [×*ought to*] wake up the baby. (赤ちゃんの目を覚ますといけないから低い声で話した)

should は「達成されていないから、達成されるべきだ」ということに力点を置くため、「達成」に関する可能性や希望や注意などを問題にする上記のよう事例が可能なわけです。一方、ought to の場合は、あることに対して積極的に「～すべき」「～したほうがよい」などのように話者の意思を示し、まさにあることがらに対しての積極性が含意されるため、上の例では不自然となるわけです。また should には、I should say のように「謙虚さ」を表現する用法もありますが、ought to にはそういう用法はありません。

Part 7

形 容 詞

● 「(給料が)安い」は cheap か？

Q. 「私の給料は君のよりもずっと安い」を My salary is much *cheaper* than yours. といったところ、おかしいといわれました。では、正確にはどのようにいえばいいのでしょうか。

A. 給料のような場合には、My salary is much *lower* than yours. のように、cheap でなく low を使います。日本では一般に給料でも値段でも「高い」、「安い」と表現するので、英語では expensive を使うべきところを間違ってつい high を使ってしまったり、逆に Q のように high や low を使うべきところで expensive や cheap を使いがちです。

たとえば、「この本は高い」は、This book is *high*. ではなく、This book is *expensive*. のようにいいます。英語では「給料」(salaries や wages) の「高い、安い；良い、悪い」は high, low; good, bad といい、決して cheap は使いません。また「値段」(price) や「料金」(rate) の「高い、安い」も、high (prices), low (prices) を使います。

このように、値段が「高い、安い」には、high, low のほかに expensive, cheap がありますが、混同しないようにしましょう。とにかく、「品物」が高価なのは expensive、安いのは cheap というわけです。一方、実際に支払う「金額」(prices や rates) が高いは high、安いは low になります。

この中で cheap には、「値段が安い」(low in price) の意味のほかに、「安っぽい」(of poor quality, shallow) という含みもありますので、商店などでは cheap という露骨なことばをできるだけ避けて、inexpensive (高価ではない[価格に対して値打があるという含みがある]) とか、economical (経済的な) を使うのがいいでしょ

う。
　ここで、high salary の実際の用例を見てみましょう。

> In big firms, *high salary* for CEOs does not necessarily reflect high performance. BY ALICE LAPLANTE . . . concluded that particularly in big firms, a *high salary* doesn't necessarily mean that a CEO is more competent than his or her peers.（大企業で、最高経営責任者の高給は必ずしも高い実績を反映しない。結論として特に大企業で、高給は最高経営責任者が同僚に比べより実力があるということを必ずしも意味していない）

次は求人広告の例です。

> High income and *high salary* jobs. Director, manager, supervisor: *high* career *salary*.（高収入、高給の仕事。役員、部長、管理職、高給優遇）

　給料が低いのは low salary といいますが、salary を動詞として使い、salary low という表現も使われています。それほど一般的ではないのですが、興味深い使われ方です。

> Fresh graduates *salary low*.（新卒は給料が安い）

　また、「サラリーを払ってもらっている人」が salaried man で、いわゆる日本でいう「サラリーマン」になるわけです。ただし、これは英語としては正しいのですが、英語圏ではあまり使われる表現ではありません。ふつうは **office worker** のようにいっています。

● 「面白い」は interesting か？

Q. 「面白い」というつもりで、This joke is very *interesting*. といったのですが、変でしょうか。

A. 日本語の「面白い」という形容詞は、実に意味が広くいろいろな状況で使われます。英語だと interesting を使ってしまうことが多いのですが、実はこれは「知的な興味や関心を引くものに」対して「面白い；関心がある」という意味で使われる形容詞です。

単に愉快で、アハハと笑ったり、ユーモアがあって滑稽なものは funny や amusing で表します。funny は単純に愉快で笑えるという面白さで、amusing はなるほどとうなずける面白さです。ですから、「娯楽」はその名詞形の amusement を使うわけです。そして凝った娯楽施設は amusement park と呼ばれますが、おどけやピエロが笑わせるだけの建物は fun house となります。

では、「ジョギングはとても楽しいですよ」は、英語ではどういえばいいでしょう。Jogging is very *interesting*. としたらどうでしょう。この英文をあえて日本語に訳すと、「ジョギングというスポーツは大変興味深いものです」ということになって、もとの日本語のニュアンスとは違うものになってしまいます。

ここでは、あくまで「ジョギングは楽しんでやれるものだ」ということでしょうから、英語ではすぐ enjoy という動詞が浮かんできます。実際、I enjoy jogging. というのは日常極めてポピュラーな表現です。毎日ジョギングを楽しんでいる人なら、I enjoy jogging everyday. のようにいうでしょう。

この単語はもともと en- + joy からできていて、joy（喜び）という意味が強いわけです。そこで、ここでは enjoy の形容詞形を使って、Jogging is very *enjoyable*.（ジョギングはとても楽しい）のよ

Part 7　形容詞

うにいえばいいわけです。日常会話でも *enjoyable* mysteries（楽しいミステリ小説）や *enjoyable* games（楽しいゲーム）などの言い方が、けっこう目につきます。用例をひとつあげておきましょう。

> Then there's the rest of the movie, which, while perfectly *enjoyable*, is basically a long litany of fight scenes staged in homage to martial-arts movies of the past.（映画の残りは完璧に楽しめるものではあるけれど、基本的にはうんざりするほど長い戦いの連続で、かつての格闘技映画の系統である）

最後に、interesting と enjoyable をコーパスでその使われ方の特徴を調べてみますと、次のようなことがわかります。まず interesting ですが、頻度としては100万語あたり約1000弱であり、日常わりとよく使われている形容詞ということになります。一方の enjoyable はその10分の1以下の頻度ですから、使われ方が先ほどの説明のようにかなり限定されていることがわかります。なお、enjoyable のもとの動詞である enjoy ですと、100万語あたり、日常生活の英語で約1500ですから、こちらはさすがによく使われています。

もっとも、interesting のもとの名詞である interest にいたっては、約4000の頻度が見られますので、この名詞形は日常、いろいろな分野で実に多様に（複数などの変化形も含まれますから）使われていることがわかります。その意味では、英語を学ぶときには油断のできない名詞のひとつといえます。ちなみに、参考のためにあげておきますと、先ほど出てきた funny は interesting の半分の頻度で約500弱、amusing にいたっては100以下の頻度ですから、やはり先ほどの enjoyable 同様、かなり使われるのが限定されている形容詞であることがわかります。

● 「地方」は local か？

Q. 「弟はいま地方に住んでいます」といいたい場合、My brother lives in a *local* area. と訳していいでしょうか。

A. 日本語では「ローカル」を地方や田舎の意味で使うことがありますが、英語の local は「全国でなく、ある一地域のみで」という意味で、別に都会とか田舎とは関係ありません。都会の一地区でも local なわけです。ただ、アメリカでもテレビ局や警察などの組織を見ますと、「ローカル局」対「全国ネット局」、「地元警察」対「連邦捜査局（FBI）」の構図があり、全国区（nationwide）のほうが地方区（local）より格が上であるといった意識があるのは事実です。並べる順序もふつう、State and Local Governments や Federal and local governments のようにするのが慣例になっていますので、特に local 側からすると、その気持ちが拭えないようです。この local の使われ方は、実は汽車やエレベーターなどにも当てはまります。ある地点から別の地点まで、途中いちいち停まらず飛ばして行くのを express（急行）といいます。これに対して、ひとつひとつの駅（地域）に停まりながら行く列車を local（train）と呼びます。また、大きいビルのエレベーターには、各階に停車する local と、ある階数までは停まらずに行く express があります。せっかく express に乗って速く目的の階に着こうと思ったのに、意外と遅かったり、何らかの事情で途中に停まりながら上がると、乗客の中から Seems we're on the *local*.（まるで各階停車だね）などというジョークが出てくることもあります。

では、この local という単語から英米人はどんな言葉を連想するでしょうか。アメリカ人を対象にした調査で最も多かった反応は、local weather (forecast), local time, local businesses, それに

Part 7 形容詞

local government です。例をあげておきましょう。

> The World Clock shows current *local time* in cities and countries, in all time zones.（世界時計は、あらゆる時間帯の町や国の現地時間を示します）

ちなみに、Q のような内容の日本語を英語でいいたいときは、My brother lives in the country. のようにいうのがふつうです（弟はそのまま訳せば younger brother や little brother ですが、英語ではいちいちそういわないで brother とその人との関係だけを示すのがふつうです。p. 24 も参照してください）。コーパスから典型的な用例を出しておきましょう。

> My brother lives *in the country*, but doesn't farm and his neighbor plants corn every other year all the way around my brother's property, except for the front yard.（弟[兄]は田舎に住んでいるけど、農業はしない。そこで近所の人が 1 年おきに表庭以外の敷地全体にトウモロコシを植えているんだ）

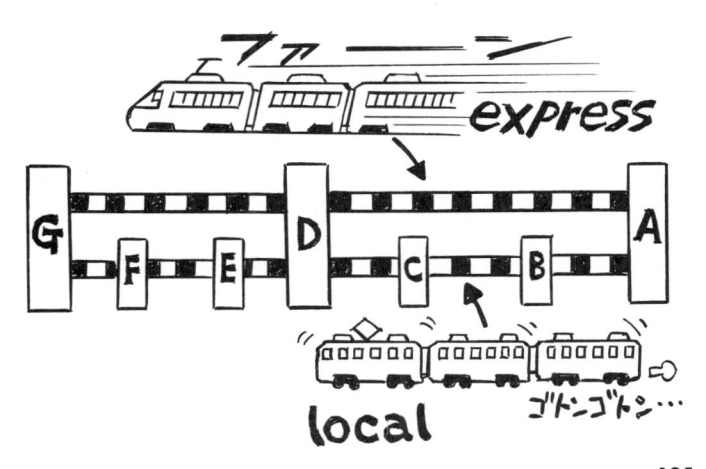

● 「都合がいい」は **convenient** か？

Q. 「今週の週末は都合がいいですか」というつもりで、Are you *convenient* this weekend? といったところ、その表現はおかしいといわれました。どこがおかしいのですか。

A. 確かに convenient は「都合がいい；便利がいい」という意味の形容詞ですから、上のような表現をつい作ってしまいます。しかし、この convenient が前提としている「都合がいい」のは通常、人間ではなくて、ものや時間や場所ということになります。ですから、「この場所は駅から近くて便利だよね」なら、This place is *convenient* to the station, isn't it? といえますが、日本語で「今日私は都合がいい」のように人間を主語にするのなら、英語では主語が人間ではなく、It's *convenient* to me today. や Today is *convenient* to me. ということになります。ですから、「今週の週末は都合がいいですか」は、Is it *convenient* to you this weekend? とすればよかったわけです。1つ具体的で convenient の持ち味がよく出ている用例をあげておきましょう。

A Quik Payday loan is simple and *convenient* at QuikPayday.com. A Quik Payday loan will get you the cash you need before your next paycheck. (早い給料日ローンは、QuikPayday.com で、簡単、便利にご利用いただけます。あなたの次の給料日前にあなたが必要な現金をお貸しします)

なお、「都合がいい」という形容詞に当たる英語に、もうひとつ available という語があります。こちらもなかなか使い方が難しく、日本人にとってはやっかいな形容詞のひとつです。基本的にこの語は、「(あるものが)手に入ったり、使えたりして、都合がいい」とい

Part 7　形容詞

うときに、そのものや場所などを主語にして、たとえば次のように使われます。

> New DVD's are *available* on Tuesday.（新しい DVD は火曜日に手に入るよ）
> Is this place *available* this weekend?（この場所は週末は空いてますか）

日常の会話ではよく、「人の都合がいい；予定が空いている」という意味でも使われます。

> Are you *available* on the 12th?（12 日は空いてる？）

注意しなければいけないのは、この使い方は会話的でふつうの表現ではないということです。なぜなら、人をあたかもものの扱いしている感じがするからです。とりわけ、女性に使うと場合によっては、「今夜、どう？　つきあわない？」という肉体自体を商品として扱う響きすらしますので、TPO には注意したいものです。

最後に、convenient と available をコーパスでその使われ方の特徴を調べてみますと、次のようなことがわかります。まず、頻度としては、convenient は 100 万語あたり約 200 であり、それほど頻繁に使われている形容詞ではありません。一方の available は約 3000 ですから、日常生活の会話などで実によく使われている形容詞だということがわかります。さらに、convenient は用例で見ますともちろん先ほどのように人に対して使うことはなく、モノやコトなどに使われています。けっこう英語圏では使われているのに私たち日本人には珍しい（感じに映る）ものをあげると、convenient truths（都合のいい真実話）や convenient explanations（都合のいい説明）などがあります。

● 「静かに！」は **Quiet!** か？

Q. うるさいので静かにしてもらおうと思って、Quiet! といったところ、Is this place a church or something? といわれて、何のことかわからなくなりました。一体、どうなっているのでしょうか。

A. ここで quiet のような形容詞をぼそっといえば、それは This place should be a *quiet* place.（ここは静かにすべき場所だ）というような描写をしている感じになります。だから、そんなことは考えずに盛り上がっている人からすれば、「じゃあ、ここは教会か何か？」と皮肉でもいいたくなるわけです。この人は「うるさいから静かにしてくれ！」と頼んでいるわけですから、**Be** *quiet*, **please!** や Would you be *quiet*, please? と、頼めばいいわけです。

また、これと関連して silent も取り上げておきましょう。次の2つの文の違いはわかりますか。

1. This place is *silent*.
2. This place is *quiet*.

日本語に訳すと、どちらも「この場所は静かだ」という意味になってしまいますが、実は描写している対象はかなり違うものです。まず1ですが、「物音がしない」といっているわけです。つまり、人の声などの音という音がしないわけです。一方、2は先ほどの説明でもわかりますように、「この場所は静かだ」といっているわけで、ひょっとすると何らかの音や人の声がどこからか聞こえているかもしれません。でも、気にならない程度では quiet と呼べるわけです。

ですから、もし先ほどのように「静かにして！」というとき、Be silent! というのと、Be quiet! というのでは、インパクトはかなり

違うことがわかりますね。前者ならそれこそ話し声から物音までいっさいまかりならんといっている強い言い方ですし、後者なら「ちょっとうるさいからもう少し静かに」くらいの意味で、小声で話すくらいならお目こぼしというわけです。ただし、Be quiet! はその頻度が非常に高いのに対して、Be silent! はほとんど使われていません。

実際にはどんなふうに使われているのか、用例を見てみましょう。

> The local campaign has vowed not to *be silent*. We will not *be silent*, either.（黙っていることはやめるというスローガンを決めた。われわれも黙ってはいないぞ）

silent は黙って何もいわないことですから、意見をいわず抗議などもしないということになります。「声をあげて抗議しよう」という場合には、したがって上のようにいえばいいわけです。一方、quiet は、次の使われ方が多く見られます。

> And if someone is telling you to *be quiet*, then you need to shut up.（もし誰かがあなたに「静かに」っていったら、黙らなくてはいけませんよ）

● 限定用法と叙述用法はどう違うのか？

Q. 形容詞の限定用法と叙述用法はどう違うのでしょうか。教えてください。

A. 形容詞の中には、main（例: the *main* reason）のように、つながっている名詞を前から限定的に修飾する限定用法か、afraid（例: I'm *afraid* of snakes.）のように、基本的には文の形式で叙述用法でしか使われないものがありますが、たいていの形容詞には限定と叙述の2つの用法があります。（なお、alive や alike は叙述用法のみに使われますが、これらは a- がもともと on などの前置詞の意味で、状態を表していることを知れば、なぜ叙述用法のみに使われるかがわかると思います。）

形容詞を限定的に使えば、名詞を直接描写して「どのような～」と表現できますし、叙述的な使い方をすれば、ある名詞が「どうなのか」というとらえ方になります。たとえば、the big cat ですと、「大きい」と「ネコ」が直接的に結びついて「大きなネコ」となりますし、The cat *is big*. なら「ネコ」は「大きい」と一種の動詞のように叙述する形になるわけです。

このように、叙述的であるということは話し手側の意見や評価であるという意味合いが強く出てきます。たとえば、The cat *is big*. だと見た目に明らかなので、誰が見ても同じ反応を示すだろうと予想されますが、Their argument *is shallow*.（彼らの議論は浅い）といえば、話し手が意見として be shallow と述べているという含みがあります。一方、それに対して their *shallow* argument といえば、表現上は、「浅い」と「議論」が直接的に結びついて暗黙のうちに「そういうもの」という決めつけが働いています。

したがって、考え方としては原則として話し手側の「意見」の強

Part 7　形容詞

い場合には、形容詞を叙述的に用いる傾向が強いと考えておくとよいでしょう。たとえば、*bad* smoking といえば、同じ喫煙でも良いものと悪いものがあるという印象を与えてしまい、喫煙自体が健康によくないという意味での「健康によくない喫煙」にはなりません。そこで自分の意見を入れた形で Smoking *is bad* (to your health). といわなければならないというわけです。

それにしても、最近はたばこの害は悪いとされ、次のように bad より worse だとされています。

"Everyone knows how *bad* smoking is, but it's actually *worse*," said U.S. Surgeon General Richard H. Carmona, MD, MPH. (「誰でも喫煙は悪いということを知っているが、実際はもっと悪い」と合衆国衛生局長官のリチャード・カルモナ医学博士・保健衛生修士は述べた)

● I'm afraid *if* ... といえるか？

Q. 「メアリーがパーティに来るかどうか心配だ」というのを、be afraid if ～ を使って、*I'm afraid if* Mary would come to the party. といったところ、表現として誤りであるといわれました。何がまずいのでしょうか。

A. 確かに何かに対して恐れや不安を抱いたり、あるいは心配していることを表すときには、be afraid がぴったりのときがけっこうあります。しかし、それはあくまですでに起こったり存在したりしている事柄、あるいは今後起こるであろうと予想される事柄に対して不安や心配を感ずるという意味で使われるのが基本です。したがって、起こるとも起こらないともわからないことが、if や whether に導かれる間接疑問文のあとに続くということはないことになります。では、こういった状況ではどう表現すればいいでしょうか。日本文の意図は「ひょっとすると来ないんじゃないの」ということが心配なわけですから、英語ではそれを *I am afraid that* Mary will not come to the party. とします。「あのことが心配なんです――そのあのこととは――メアリーが来ないということです」という流れになっているわけです。

　ちなみに、インターネット上にはいろんな悩みごと相談のサイトがありますが、そのひとつに何でもいいですから不安や心配ごとを書いて送ってくださいという呼びかけのサイトがあります。そうしたサイトを見てみますと、I am afraid that ～ のオンパレードです。

> *I am afraid of* final exams ... *I am afraid that* my math may be wrong.（最終テストが心配だな。数学が悪いかもしれな

いな）

I am afraid that I'll say a bad word.（悪い言葉をいってしまわないだろうか）

I am afraid that I will be killed or injured.（殺されたり、けがさせられたりしないかな）

ただ何となく死んだり事故にあったりするんじゃないかという心配は、多かれ少なかれ誰にでもあるのですが、次のは深刻です。

I am afraid that this person(s) will continue to stalk me until he/she is successful in murdering me.（この人が私をまんまと殺すまで、ずっとつけねらうのではないかと心配だ）

ただ、心配事のトップは男性コーナーを見ますと、やはりあちらのほうです。高校生や大学生からのメールで、以下のようなものがけっこう目立ちます。

I am afraid that my penis is too small.
I have for the last few years *been* very *afraid that* I may be gay.

● no more than と not more than

Q. no more than と not more than は、どう違うのでしょうか。教えてください。

A. この more than ～ は、日本語でそのまま「～以上」と覚えていると、うっかり日英語のズレから間違えてしまうことがあります。日本語で「3つ以上」といえば、最低でも3つということで、3つでもいいことになりますが、英語で more than three といいますと、3は含まずに「3よりも多く」という意味ですから、「4つ以上」ということになるので注意が必要です。3つ以上ということを three を使っていうときは、あえて three or more のようにいいます。

　さて、no more than ～ も not more than ～ もいずれも打ち消しになっていて、一見似たような感じがしますが、意味はかなり違います。まず no more than ～ は、ある数量を見て「～よりも多いことは決してありえない」というように、感情が込められた表現です。これは、no という言葉に強い否定的な感情が含まれているためです。そこから、数にしても量にしても、「～だけで」「～しかない」「～しか過ぎない」というような解釈が成り立つわけです。たとえば、次は実際に英語圏で使われた指示ですが、一体どうすればいいのでしょう。

　　Write *NO MORE THAN* TWO WORDS for each answer.

そうですね、きちんと2語で答えればいいわけです。このような記述問題やエッセイの指示としてよく使われています。

　　What are your responsibilities? (*no more than* 150 words)

Part 7　形容詞

Previous experience. (*no more than* 150 words)

　出題側としては「150 語を目安に、それ以上でなくきちんと書くこと」という気持ちがあるわけです。また、「それ以上は絶対ありえない」という感情的な気持ちは数字だけでなく、いろいろなものの描写にもよく使われています。たとえば、「あのテレビ報道は真実だったのか？」という記事のタイトルが、皮肉って Television Broadcast Was *No More Than* 'Rumor' となっています。「あのテレビ報道は単なるウワサ以外の何物でもなかった」というわけで、こういった文脈で使われると、この no more than が実にしっくりします。

　一方、not more than 〜 は、no とは違って感情的なものは入らず、ただ「〜以上ではない」「〜より多くなく」「せいぜい〜」といった客観的な描写によく使われます。たとえば、法律で「〜年以下の懲役」や「〜以下の罰金」といった場合です。実際の法律を見てみましょう。わが国のコンピュータ・アクセス法には次のように出ています。

　　A person who falls under one of the following items shall be punished with penal servitude for *not more than* one year or a fine of *not more than* 500,000 yen. (次の項目に該当する者は 1 年以下の懲役または 50 万円以下の罰金を科す)

　アメリカの DEA (麻薬取締局) の表示では、初犯でも次のような警告がなされています。

　　First Offense: *Not more than* 1 yr. Fine not more than $100,000 if an individual, $250,000 if not an individual. (初犯: 1 年以下の懲役。個人なら 10 万ドル以下、個人でない場合は 25 万ドルの罰金)

● no more 〜 than . . . の意味と使い方

Q.9 比較級では慣用表現をいろいろ習いました。A whale is *no more* a fish *than* a horse is.（鯨は馬が魚でないのと同様に魚ではない）は「鯨構文」という呼び名すらあるようですが、日常的に使われるのでしょうか。もし使うとしたらどのように使うのですか。

A. 結論からいえば、比較級の慣用表現のたいていのものは、日常的にもよく使われているようです。問題の「鯨構文」にしても、次のような使われ方をします。

コーパスで調べますと、

> Algebraic representations are *no more* "exact" *than* bitmap representations.（代数（数値や式）での表示はビットマップでの表示同様、「正確」というわけではない）
> Ken's *no more* a bully *than* Sam is a wimpy.（サムが弱虫ではないように、ケンはいじめっ子ではない）
> I'm *no more* "psychic" *than* anybody else who has instincts or intuition.（私は勘や直感がある人同様に、別に霊感があるというわけではない）

以上の文の意味は、たとえば、最初の文なら Algebraic representations are *no more* "exact" *than* bitmap representations (are exact). ということで、厳密にいうと「ビットマップでの表示よりも（than）、もっと（more）代数での表示が正確ということではまったくない（no）」ということです。つまり、それは「代数での表示はビットマップでの表示同様、とても正確なものなどとはいえない」というような意味になるわけです。

これらの用例の中でも最もよく使われるのは最初の no more +

Part 7 形容詞

形容詞 + than の形ですし、似たような not so much 〜 as ...（〜というよりはむしろ...）にしても、同様に日常会話でよく使われます。構文的には複雑な感じがしますが、以下の例のように「...なのは...というわけじゃなくて〜だ」という気持ちを表すのに便利な表現です。

It's *not so much* the reason that you gave me that made me upset *as* the way you said it.（驚いたのは、あなたがいった理由に対してではなくて、その言い方にだ）

It's *not so much* your manner that's the problem *as* your manners.（問題なのは、あなたの態度ではなくて、あなたの作法そのものだ）

　ふたつのものの優劣を質的・量的に比べるということは、ものの評価につながります。そこで、対人関係の潤滑油として、直接的な言い方ではなく遠まわしの言い方として、このような比較表現が発達しているのだと思われます。

A whale is no more a fish than a horse is.

Part 8

副 詞

● **almost と always**

Q. 英語の副詞でよく almost や always など al- で始まるものがありますが、それには何か理由があるのですか。

A. いいところに気づきましたね。確かに、almost は all (まったく) + most (大部分) に分解できます。英語の単語力を増やすのには、絶えずこのようなちょっとした"気づき"を心がける態度が大切です。

さて、この almost は先ほどの説明から、「全体のほぼ大部分」を指す意味だということがわかります。これは量、数、時間や行動などにかかわらず応用でき、たとえば、*almost* 70% of the whole storage (備蓄全体のほぼ 70%) のように使われます。また、人の行動を表すときには、結果や目標に到達するのを「全体」ととらえ、We are *almost* there. (もうすぐ着くよ) などは、almost の感じがよく出ています。

次に always ですが、これは「いつも; 常に」という意味の副詞で、途中に way という語が入っていることからもわかりますように、「道」と関係があります。すなわち、分解すると all (まったく) + way (道) + s となります。つまり、「必ずその道を進んでいる」といった感じでしょうか。そこから、上のような意味になることはごく自然に納得できます。たとえば、いつもその行動をするような場合、Jim *always* eat sushi on Saturdays. (ジムは土曜日はいつも寿司を食べる) のように、always を入れればしっくりします。

なお、この語尾の -s は複数形などの -s ではなく、副詞の状態を表す語尾で、英語にはけっこう見られます。ほかにも besides や towards なども同じような語尾を持っています。

ほかにも al- を持った副詞をもう少し取り上げてみましょう。al-

Part 8　副　詞

ready や also などはどうでしょう。まず、この already は「すでに；もう」という意味でよく現在完了形と一緒に使われますが、もともと al（まったく）＋ ready（準備できた）ということがわかれば、現在完了形と一緒に使われる理由がわかると思います。『ニューヨーク・タイムズ』（*New York Times*）を読んでいましたら、アメリカが対イランの戦闘準備をすでにやったという現在完了形に already が使われていました。

> The reality is that the US war with Iran *has already begun*. US military planners *have already begun* war games calling for the deployment of multi-divisional forces into Azerbaijan.（現実にはアメリカのイランとの戦争はもうすでに始まったということである。米軍の統合本部参謀たちは複数の軍団をアゼルバイジャンへと移動させて、すでに戦争のゲームを開始したというわけである）

もちろん、完了形だけでなく過去形とも一緒に使われ、「もうとっくの前に」という意味で The children *were already* asleep when we got home.（帰宅したらもう子どもたちは眠っていた）のようになります。現在進行形とも使われ、その場合は「もうこんなに早く」という驚きの気持ちが出てきます。*Are* you *quitting already*?（えっ、もうやめちゃうの？）

さらに、also は「〜もまた；なお」という意味ですが、これは all（まったく）＋ so（そのように）ということで、あるものや人に対して「まったく、そのようなもの（人）」であるというときに使われます。たとえば、He is *also* Japanese. であれば、「彼もまたそのように日本人です」となるわけです。

● so ~ that ... の意味と使い方

Q. 「期末テストの成績が悪すぎた」を、My mark on the final exam was *too* bad. のようにしましたが、あまりいい英文ではないといわれてしまいました。

A. 確かにもとの日本語からすると、このような英文にしたいところですが、too bad は That's too bad. が典型的なように、一種の慣用句として「残念; 気の毒」の響きが出てきてしまいます。そのため、原文の「悪すぎる」のように bad を強めたいのなら、やはりここは very を使うのがよいでしょう。もちろん、強調で so も使えますが、その場合、聞く側は so ~ that ... のように「とても悪かったので ... だった」のような流れを期待することになります。あるいはいったん文を切って、それに結果を補足する文を続けることもあります。用例を見てみましょう。まずは that を使う場合。

> The grammar is honestly *so* bad *that* I think the only way to properly convey the effect is to run it through Babelfish. (その文法たるや正直いってとってもひどいので、その効果をうまく伝えるには、翻訳ソフトのバベルフィッシュを使うしかないと思う)
> The radio is *so* loud *that* I can't sleep. (ラジオの音がとてもうるさくて眠れないよ) [これは that を省いてもよく使われる]
> The radio is *so* loud I can't sleep. (ラジオの音がとてもうるさくて眠れないよ)
> The meal was *so* good *that* I decided to have dinner at the same restaurant again tomorrow night. (料理がとても

おいしかったので、明日の夜もまたあの同じレストランで夕食をとることにした)

次は、文を区切って補足するやり方です。

> The radio is *so* loud! I wish they would turn it down.（ラジオの音がうるさすぎるよ。低くしてくれないかなあ）
> The meal was *so* good! It was worth the money.（料理はとってもおいしかったよ。お金を払う価値があったよ）

この期待感は、似たような語である such にも当てはまります。例をひとつ上げておきましょう。

> We had *such* a wonderful meal at Daniel's *that* we didn't want to leave there sooner.（ダニエルズ・レストランでの食事がとってもおいかったので、そこをすぐには立ち去りがたかった）

また、この so は強い感情を表すために使われるので、心配事や悪いことをいうのに不必要に使いすぎると、心配性ととられたり、逆に楽しいことや良いことをいうのに使いすぎると、大げさで心にもないことをいっていると思われることがあります。そのため、言語社会学の分野でことばと社会の関わりを研究するときなどには、この so を女性語の一種として、その特徴ある言動を探るカギとして使っているほどです。

● **at last と after all**

Q.「すいません。結局できません」といいたいときは、at last を使えばいいのでしょうか、after all を使うのでしょうか。

A. 辞書で調べますと、at last を「ついに」、after all を「やっぱり」としてあり、わかるようで実はわかりにくい対応関係になっています。たとえば、I'm sorry. I can't do this（at last / after all）. では、一見どちらも似たような意味に感じられます。しかし、その意味はかなり違います。

すなわち、at last は「最後のところで」ということで、ふつう「話し手が期待していること」が実現するような場合に使います。したがって、I'm happy that I made it *at last*.（やっとうまくいってうれしい）などはぴったりなのですが、My grandpa died *at last*.（やっと彼が死んだ）などは不適当な文となります。

一方、after all は文字通り「すべてのことのあとで」の意味で、「ところが結局」はという気持ちから、通常「期待に反すること」に使われます。

>I'm sorry. I can't do this *after all*.（すみません。（やると決めていたのに）結局できません）

ただし、この after all には次のふたつの意味がありますので、特に 2 の使い方は注意が必要です。

1. （ふつう文末で）「ところが結局」: この場合には after のほうが強く発音されます。

   I expected to fail the exam, but I passed *after all*.（試験に落ちると思っていたけど、（意外にも）やっと合格した）

2. （ふつう文頭で、After all のあとに一呼吸おいていう）「だって[やはり]〜だから」: この場合には all のほうが強く発音され、聞き手も知っていることの再確認に使われます。

I think we should let her go alone. *After all*, she is eighteen — she's not a child any more. （彼女をひとりで行かせたほうがいいと思うな。（なんだかんだいっても）やっぱり彼女は 18 歳なのだ——もう子どもじゃないんだから）

なお、これらと似た意味を持つ副詞に finally があります。ただし、この finally は、形容詞の final が「最後の」という意味で、a final decision といえば「最終決定」ということですから、「最後に; 最終的に」という状態・様子を示していることになります。

最後に、これらの使われる特徴を日常会話のコーパスをもとに見てみましょう。意外なことに、at last はけっこう会話では使われており、その頻度はほぼ 100 万語あたり約 1500 くらいです。一方の after all はそれほどでもなく、約 190 程度の頻度となっています。ついでに、finally ですが、こちらも実は日常会話ではけっこう使われる単語で、頻度は約 1300 と at last に近い使われ方になっています。

Part 9

前 置 詞

● 「床の穴」は a hole *on* the floor か？

Q. 「床に穴が開いている」は、英語で何といえばいいでしょうか。There is a hole *on* the floor. とやってみたのですが、だめでしょうか。

A. ふつうの表現では、「床という場所に、1つの穴というものが存在している」と考え、存在文の There is ... の形式を使えばいいでしょう。問題はここからです。「床の上に穴が開いている」からと、つい Q のような文を作ってしまいがちです。これですと、床の上に hole がくっついているようなイメージになります。前置詞 on の基本的な意味は「接触」だからです。

ですから、床の上にほうきが置いてあったり、バケツが転がっていたりすれば、当然、a broom *on the floor* や a bucket lying *on the floor* のように表現します。もちろん穴といっても、床の表面がくぼんでいるだけで、床を貫通していないときは、上のような言い方をすることもありますが、ふつうの会話では There is a hole *in the floor*. のように、床自体に穴が入っていることを in で示してイメージ化を図ることになります。

したがって、床自体がシロアリなどに食い荒らされているという状況ではやはり、There are termites *in the floor*. でなければ、被害を受けている感じは出ないことになってしまいます。なお、このような考え方は床だけでなく当然、壁や天井などにも当てはまります。たとえば、「壁に大きなヒビが入っている」は There is a big crack *in the wall*. ですし、「壁に大きな絵が掛けてある」なら There is a large picture *on the wall*. ということになります。

では、ここで応用問題を出してみますので、考えてみてください。まず、ある女性の肌を見たら年のせいか、しわが目立ちます。そこ

Part 9 前置詞

で「彼女の肌にあるしわ」はどういえばいいでしょう？

  the wrinkles (   ) her skin

　そうですね、on では肌にニセモノのしわを貼りつけている感じになります。しわは肌そのものにあるわけですから、正解はもちろん in になります。

　もう1つひねった問題を出しましょう。いま、彼女の指を見たらいい指輪をしています。そこで、「指輪をした指」は、英語でどういえばいいでしょうか。ある人は the finger *in* the ring としましたが、これでどうでしょうか。実はこれは正しい表現ではなく、正しくは the ring *on* the finger となります。

　なぜだかわかりますか。先ほどからの例文をじっくり観察してきた人なら気がついたと思いますが、in を使いますと、指輪はつけたが最後、「壁」と「ヒビ」や、「肌」と「しわ」の関係ように、取り外せずに一体化している感じになってしまうわけです。on を使えば、ちょうど壁に掛けたりはずしたりする絵と同じように、指輪はあくまでも必要に応じて取り外しができ、指にはめるものであることがはっきりするわけです。

　最後に、実際の用例で上の感覚をもう一度復習してみましょう。自転車や自動車のタイヤがパンクしたとき、「チューブに穴」が開いているはずですが、それは英語で次のようにいいます。

The first thing you need to do is find out where *the hole in the tube* is. （まず、最初にするべきことはチューブのどこに穴があいているのかを見つけることだ）

● 「〜に関する（講義）」は about 〜 か on 〜 か？

Q. 「規制緩和に関する講義」を聞きました。そのことを友人の外国人に説明するのに、a lecture *about* deregulation といったところ、a lecture *on* deregulation と訂正されました。どうして about ではだめなのですか。

A. このような前置詞の微妙な使い分けは、わかりづらいものです。この場合、もちろん語法上は about も on も正しいのですが、意味的な違いがあります。about はもともと「〜のまわり」を意味するところから、物事の本質よりも周辺部や関連する領域のほうに焦点がいくようです。それに対して、on は基本的にある面への接触を表すため、接触部分に限定する響きがあります。つまり、about と違い周辺部でなく本質だけに限るというわけです。そう考えますと、a lecture *about* deregulation は、規制緩和の問題そのものから少し離れた話題にも触れる、一般の人を対象とした肩のこらない講義という感じになります。一方、a lecture *on* deregulation は、on が deregulation そのものを限定するので、話す内容はテーマそのものを絞り込んだ、専門的なものになるわけです。

次の lecture は、on と about の違いによって、それらの内容に微妙な専門性の違いが出てきます。

Lecture on Zen by Alan Watts.（アラン・ワッツによる禅に関する講義）

Lecture about Dolphins by Ulrich Reinartz（ウルリッチ・ライナルツによるイルカについての講演）

同様に、気楽に書き込むブログや物語なら about で、ちょっと硬い内容の本や論文、インタビューなら on が多いですね。

A blog *about* life, past and future.（過去と未来の人生あれこれについてのブログ）
Stories *about* Africa.（アフリカについてのいろいろな物語）
Books *on* love and peace.（愛と平和についての真面目な本）
A special interview *on* neurology.（脳科学に関する専門的なインタビュー）

　さらに、これらの前置詞の働きを理解するのに、動詞との相性も重要です。on は限定された専門的な働きをするところから、speak や lecture あるいは preach などと結びつきます。一方、「ペチャクチャしゃべる」といった響きの chat や、たわいもない話を示唆する gossip や rumor などは、about と一緒に使えばいいことが、これまでの解説からおわかりになると思います。

lecture on〜　　lecture about〜

● **On ～ing は「～するとすぐに」か？**

Q. on には ～ing を伴って、「～すると；～と同時に」という意味合いがありますが、どうしてそういう意味が出てくるのですか。

A. 前置詞 on は、あるものとあるものが接触しているというのがもともとの意味であり、そこから状況によってふたつのものの依存関係やら位置関係が浮かび上がってくることになります。さらに、その接触が時間との関係になると、物事の連続的な関係を示すという働きに応用されているわけです。英文法の本を見ますと、on ～ing という形式が「分詞構文」という名前で呼ばれ、as soon as ～ に置き換えられるとされていますが、as soon as は文字通り「～するのと同じくらい早く」ということなのに対して、on ～ing のほうは「接触」の意味を表す on が使われているため、ふたつの事柄の連続性が強調されています。すなわち、「ある動作の次に間をあけずに～する」という意味を強調するために on がついていると考えればいいでしょう。このような点を念頭において、on ～ing 形の代表例をひとつ見てみましょう。

On getting home, I went to bed.（家についてすぐに、私は寝ました）

なお、on ～ing の形式の代わりに、動作を表す名詞を使って書き換えることも、たいていの場合には可能です。たとえば、On arriving の場合ですと、次のような名詞表現も可能になるわけです。

On arrival we hurried to the Convention Center.（到着するとすぐに、われわれは国際会議場へと急いだ）

ちなみに、この構文に使われる前置詞は実は on だけではなく、with や in なども使われています。その場合は、with は「〜をしながら; 〜を持ちながら」という付属性、所有性がより際立ってくることになりますし、in は「〜する際; 〜するにあたって」という状態性が出てきます。

> *In leaving* the dangerous place, you come to a comfortable field.（その危険な場所を出れば、気持ちのいい草原になってきます）
>
> *With saying* good-by, Jane left the room.（ジェーンはさようならといいながら部屋を出た）

最後に、実際に街の中で使われている例を取り上げてみましょう。成田空港の中に掲示してある on 〜ing の構文です。

> *On arriving*, please proceed to the bus stops on the 1st floor of Terminal 2 and take the Terminal Shuttle Bus to Terminal 1.（到着次第、第2ターミナル1階のバス停までお進みください。そして、第1ターミナルまでのターミナル・シャトルバスにお乗りください）

● 「テーブルの足」は **the table's leg** か？

Q. 「テーブルの足」というとき the table's leg といったのですが、あとであまりいい表現ではないといわれました。どのような表現にすればよかったのでしょうか。

A. 日常会話で the table's leg といってもまったく問題なく通じますし、英米人でもくだけた会話ではつい使ってしまうこともあります。しかし、きちんとした状況での会話や書き言葉では、このままでは略式すぎていて、ふざけていると取られかねません。**the table's leg** というと、なんだかテーブルが生きていて、それに動く足がついている感じになってしまいます。そのため、単に the table leg, もしくは the leg of the table のように表現するのがふつうです。

　同じような表現を取り上げてみましょう。たとえば、いま手もとに「私の持っているシャープペン用の替え芯」がありますが、それを上の場合と同じくつい my mechanical pencil's refill といってしまいがちです。でも、これではやはりシャープペン自身が替え芯を自分で所有しているような感じになってしまい、何となく変なふうに聞こえます。では、どのように表現すればいいでしょうか。

　ひとつは先ほどの例と同じように、my mechanical pencil refill とすることです。では、もう１つ別の形式では、次の( )にはどんな前置詞が入るのでしょうか。

　　　the refill (　　　　) my mechanical pencil

先ほどと同じように of ではどうでしょうか。ここで of としてしまうと、何だか refill がシャープペン本体の一部になっている感じがします。替え芯はあくまで入れ替えられるものですから、答え

はこの場合、to になります。「シャープペン本体をその使う目的地とする替え芯」というわけです。

また、「私の自転車のタイヤ」はどうでしょう。my bicycle's tire は表現としては可能ですが、あまりいい英語ではないことはおわかりだと思います。きちんとした表現は、ひとつは my bicycle tire ですね。では、次の形式では（　）にはどのような前置詞を入れればいいでしょうか。

the tire（　　　）my bicycle

ここでもやはり of は絶対にだめということはないですが、やはり自然さに欠け一般的ではありません。タイヤ自体は自転車本体に「取りつける」という感覚から、通常は on が使われます。次の用例で on と of の使われ方の違いを考えてみてください。

Grab your bike wheel and slip the tire over one side *of* the rim. Once you have one side *on*, you should be able to slip the tire *on to* the other side using a tire lever.（自転車の車輪を持ってそのリムの一方にタイヤをかぶせます。いったん片方にタイヤがつけられたら、もう片方にはタイヤレバーを使って、タイヤをつけるといいでしょう）

違いはわかりますね。one side of the rim の場合はリムの一部ですから当然 of ですし、タイヤは取り外しができますから、on にしたり off にしたりできるというわけです。

● 「〜の上空」は over 〜 か above 〜 か？

> **Q.** 「ジャンボ機がグランド・キャニオンの上空を飛んでいる」といおうとして、*over* the Grand Canyon か *above* the Grand Canyon か、迷ってしまいました。どちらが正しいのですか。

A. over は「上空」といっても、「あるものの上をおおう」感じです。これには広がり感があり、単に地理的・物理的にまたがるだけでなく、時間的なものにも使われます。典型的なイメージは何かに布などをかぶせたりするような感じです。たとえば、次の用例では接着剤で「かぶせて包む」感じがよく出ています。

> Spread a little bit of glue *over* the area of the hole, then let the glue fully dry — this should take about three minutes.
> (穴のあいた場所に接着剤を少しだけ塗ります、それから接着剤が完全に乾くのを待ちます——これが3分ほどかかります)

一方、above は「あるものの上空のある一点」を指す前置詞で、over のように広がり感や連続的なイメージはありません。つまり、over の連続的な動作のある一点に注目したのが above であると考えられます。そして、高さを問題とした「真上」のイメージが above の代表的な使われ方でしょう。ですから、地球を真上の宇宙から見るような場合、それを Earth Above のようにいいます。地上や海上から真上の距離も The height can be calculated *above* the ground or *above* sea level. (高度は地上の真上もしくは海上の真上で計算して出します) のように above を使いますし、その実際の距離を表すときには次のように表現しています。

> For example, the State of Kansas has areas with alti-

tudes varying between 75 ft. to 4,039 ft. *above* sea level. Colorado, on the other hand, has people living in areas between 3,000 and 10,000 feet above sea level. (たとえば、カンザス州には場所によって海抜 75 フィートから 4039 フィートまでの高度があります。他方、コロラドでは 3000 フィートから 1 万フィートまでの場所があって人々が暮らしているわけです)

また、above はあるものを基準として、それより上部や高いレベルいった抽象的な意味で使われることもあります。成績が優秀かどうかというとき、above the average といえば「平均(の人たち)より上のレベル」になります。above の反対語は below ですから、below the average は「平均以下」という意味になります。なお、over の反対語は under で、underground (地下)といえば、英国ではすぐに London Underground (ロンドンの地下鉄)という連想が出てきますし、アメリカでも Underground Railroad ([昔、黒人奴隷などを逃がした]地下道の逃げ道)というような使われ方から、over に見られたものと同様な連続性が読み取れるでしょう。

● since は「～から」か「～なので」か？

Q. since は現在完了形と一緒に使われて、日時の「～から」という意味だと思っていたのですが、よく Since you are still young... のような表現が出てきます。「まだ若いときから」と訳しても意味が合わないようですが。

A. 確かに、since は原則として、現在あるいは話題の時点まで及んでいる状態や動作の起こった時点を表しています。そのため、一般的には2つの時間をつなぐ働きをする完了形とともに使いますし、また相性がいいというわけです。たとえば、現在完了形で Hannah has been sick in bed *since* last Monday. といえば、話し手は現在までのつながりを意識しており、その意識から「先週の月曜日（過去の時点）からずっと続いて、現在にいたるも病気で伏せている（現在の時点）」という気持ちで since を使っているわけです。

では、なぜそれが Q で出ているような理由や原因などの意味で接続詞として使われるのでしょうか。実はこれは英語によく見られる面白い現象で、もともとは、A が起こって「から」（以来）B がどうした、という関係だったものが、A が起こった「から」（理由）B がどうした、というように関係づけられたわけです。そこから、時間とかかわりがあった since が、because のような理由や原因を表す意味で使われるようになりました。たとえば、次の用例などは「持ち出して以来」とも「持ち出したので」とも理解できますので、絶対にどちらかに分けられるものでなく、状況などによって解釈が決まるといっていいかも知れません。

Since you brought it up Mr. President I had decided I

wasn't going to watch the President's State of the Union address.（大統領閣下、あなたがそれを持ち出して以来［持ち出したので］、閣下の年頭教書演説はもう見ないようにしようと決めていたんです）

　もちろん、冒頭に Since ～ のように節としてある場合には、コーパス上はほぼ 73% が理由を表す意味で使われていますので、この形式で「～して以来」の用法は少ないということはいえます。さらに、文中に since ～ が来る形式（この場合は副詞）では、ほとんどの場合に完了形との連動で使われて、「～して以来」といういわゆる継続の用法になっている点も覚えておくといいでしょう。この点では、次のように have since のつながりも理解できます。

　　UN troops have *since been deployed* to the tense region.
　　（国連軍がそれ以来、緊迫する地区へと配置換えをしてきた）
　　This happened six months ago, and I *have since been refining* this method.（このことが 6 ヵ月前に起こった。そしてそれ以来、この方法を磨き上げてきたのだ）

　since はこれまで述べてきましたように、大きくふたつの意味機能があります。これに対して、同じように「～から」といえば from があります。これは必ずしも状態・動作の現在（話題の時点）への影響を前提とせず、単に「いつから」や「どこから」といった文字通りの起点にのみ関心が向いています。そこから特に時制を問わずに自由に用いることができることになるというわけです。

● 「車で」は **by a car** か？

Q. 「われわれは車でそこに行った」というとき、We went there *by a car*. といったら、間違っていると指摘されてしまいました。何が問題なのでしょうか。

A. この問題を考えるには、ふたつの話をする必要があります。まずひとつは冠詞 a の話で、もうひとつは前置詞 by の話です。

まず、冠詞の a を取り上げてみましょう。英語で冠詞の a をつけると、a car でも a plane でも、その車や飛行機が実際の乗り物を指しています。それから、前置詞の by は、あるものとあるものとが近くにあったり隣り合っていたりという関係をとらえるときに使われる前置詞です。

ですから、もし by a car といいますと、そのままの解釈では「(実際の)車の近くに」というような意味になってしまいます。同じことは冠詞でなく、by my car としても当てはまります。これでは「私の車のそばに」立っている感じです。

一方、この a (や所有代名詞)のない car は「車」という漠然とした意味や車の人を乗せて走る機能を指していますから、by car といいますと、本来は「車の走るという機能に隣り合って」といったような意味解釈になります。そして、そこからこの car は実際の乗物でなく、車という乗物が持つ「輸送」という抽象的なものを指すことになり、「車(という輸送手段)で」といった意味が出てくるわけです。この応用範囲は広く、「バス(という輸送手段)で」は by bus ですし、「手紙(という通信手段)で」は by letter や by mail になります。

もちろん、乗り物の機能の「近くに」ある関係というよりも、実際の乗り物の内部の感覚を生かすのでしたら、「ある乗物の中に入っ

Part 9　前置詞

たまま(の状態)で」というようなニュアンスで in a car や in the car などになります。冒頭の車の例でも、in a car のようにすればいいわけです。同じような理屈は一見関係なさそうな telephone にも当てはまり、「電話(という通信手段)で」なら by (tele)phone なのに対して、実際の電話を意識した on the telephone, over the telephone, through the telephone などの表現もよく使われています。

　英語にはこの by のような周辺を表す前置詞がいくつかあり、その中でも最も隣り合っている度合いの高い前置詞がこの by なのです。しかも、この by は周辺を意味する語の中でも、意味的に最も大きく展開している前置詞である点も注意したいところです。近くにあるものや人を強調することから、「寄り添う」というニュアンスが生まれ、そこから「準拠」や「手段」などの意味が展開すると考えることができます。つまり、手段という意味は、あくまで寄り添うイメージの発展したものと考えられるわけです。

　なお、乗り物のような運行手段や交通手段の場合には by が使われますが、徒歩の場合には、一般には on foot という表現が使われます。これは前置詞の on の意味からしますと、「足(という機能)に乗っかって」というような感じでしょうか。ただし、この表現に関しても、先ほどの by car などの類推から、by foot という表現が生まれています。ただし、現実の日常会話では、ことさら移動手段にこだわって受け答えする以外には、単に walk だけで表現するのがふつうでしょう。

● 受動態になぜ by を使うのか？

Q. The cell phone was broken *by* Ken. のような受動態（受身形）の文で、by を使うのは何か理由があるのでしょうか。また、同じように受動態の文なのに by でなく at を使って、Ken was surprised *at* the news. のような文にするのにも、何か理由があるのですか。

A. 前置詞は、歴史的にもともと空間的意味から発展したものが大半で、by もそのひとつといえます。この発展性は、実は by が受身形で使われることにも関係しています。すなわち、The cat killed the mouse. という文を受身形にしますと、The mouse was killed *by the cat*. となり、「猫によって」という部分が by the cat となります。これも実は「ネズミが殺された」という状況と、それが「猫の近く」ということで、おそらく「猫が殺したんだろう」という関係づけがなされることから生じているわけです。

では、Q にあげられている The cell phone was broken (*by Ken*). とその能動形の文 Ken broke the cell phone. を比べてみましょう。能動形のほうは「ケンが携帯電話を壊した」であり、実際に行為を行なったケンが前面に出ており、そのため文の形式もふつうの流れになっているのに対して、受身形のほうは The cell phone was broken で「携帯電話が壊れていた」という結果の状態が描かれ、そしてそれに by Ken で「そのそばにケンがいる」という情報が追加されています。

つまり、一方に携帯電話が壊れている［壊されている］という状態があり、その近くを見ると、そこにケンがいるという図式が成り立つことから、当然、そのケンがその状態に関与しているという推測が成り立つことになるというわけです。そして、それらの情報を統

> Part 9　前置詞

合した解釈として、「その携帯電話はケンに壊された」という意味合いが生まれると考えることができるのです。

なお、ここでこの構文で注目したいことがふたつあります。第1点は The cell phone was broken と表現されることで、動作そのものというよりも、この was（be 動詞）のせいで動作の結果の状態に焦点が置かれるということです。第2点は、by Ken の by も、その基本的な語義（近く；かたわら）と無関係ではないという事実です。

先ほど was（be 動詞）のせいで動作結果の状態に焦点が置かれるということを述べましたが、この動作性の強さ（結果の状態というより行為や動作そのもの）ということからいいますと、次のような傾向が見られます。

1. The cell phone *was broken*. [状態]
2. The cell phone *was broken by Ken*. [（弱）動作]
3. the cell phone *broken by Ken* [（強）動作]

もし、この構文で by Ken がなければ状態的な意味に受け取られることが多く、by Ken が加わることで動作性が出てきますが、いわゆる受身文ではそれはあまり強くありません。その場合に by Ken で動作性が強くなるのは、3 のように過去分詞が名詞を修飾する場合だというわけです。

これがわかれば、Don *was hit* by Yayoi. や Don *was hit*. はあっても、Don *is hit* by Yayoi. や Don *is hit*. が文としておかしい理由もおわかりになると思います。やよいさんがドンをたたいた瞬間にそのまま時間が止まった状態にでもならない限りは、Don *is* hit by Yayoi. という変な文は成り立たないからです。

163

● **be satisfied *by* はおかしいか？**

Q. 「これまでやってきたことに満足していますか」ということをいいたいのに、*Are* you *satisfied by* what you've done so far? といったのですが、これでいいでしょうか。

A. ふつうは *Are* you *satisfied with* what you've done so far? が適切な英文とされます。これは「～に満足している」ということを意味するのに、英語では be satisfied のように受動態の形式を使いますが、この satisfied は動詞の過去分詞というよりは現在ではむしろ形容詞的な性格が強く、そのあとに受動態特有の「～によって（される）」を意味する一瞬の行為や動作にかかわっている前置詞の by ではなく、「～とともにあって」という時間的な長さ（所有状態）を意味する with が使われるのです。

ただし、コーパスを見ますと、数学や論理学で公式などが必要条件を満たすというような意味の場合には、by が使われています。日常生活でも何か具体的なものが条件を満たしたり、満足させたりするときには、次のように使われています。

> *Are* babies more *satisfied by* casein based formulas?（赤ちゃんにはカゼインを主とした調合乳がより満足したものになるのでしょうか）

be satisfied のように原則として with とともに使われるものには、be contented with（～で満足している）、be delighted with（～で喜んでいる）、be disgusted with（～がまったくいやになっている）、be pleased with（～が気に入っている）、be crowded with（～で込み合っている）、be filled with（～がいっぱい入っている）などがありますが、いずれも「～とともにあるまま」という感

Part 9　前置詞

情の長さやしばらくその状態が続いている感じを意味する with がぴったり合っているといえます。

　従来の学習法では、「〜に満足する」= be satisfied with 〜 のように、なぜ with なのかといった理由も考えないで覚えるやり方が主流でしたが、これではどうしても言葉を覚える効率の悪さが目立ちます。大切なことは、「満足」が with なら、ではなぜ「驚く」は be surprised at なのか、「怖がる」はなぜ be scared of なのかといったところに絶えず関心を広げていくことです。

　ここで述べているような感情表現と前置詞との関係を知るために、コーパスを使って以下のような、感情表現(述語)と前置詞との組み合わせを表にまとめてみました。

	at	about	with	by	of
angry	○	○	◎		
anxious		◎			
surprised	◎	○		◎	
disappointed	○	△	◎	◎	
embarrassed	△	△		◎	
pleased	△	△	◎	△	
satisfied			◎	○	
glad		△			◎
annoyed	△	△	◎	△	
afraid					◎
scared	△	△		○	◎

（◎は、その組み合わせが日常の会話と文書で使用頻度上最も典型的かつ代表的なもの。○は割と使われるもの。△は場面の状況により使われるもの。使用基準は◎を頻度と代表度で 10 としたとき、○が 6〜4、△が 2〜1 くらいの目安となる。[ERI コーパスによる]）

● 「1週間以内に」は in a week か？

Q. I'll see you *in a week*. といわれたので、「1週間以内には会いましょう」だと思って3日後に連絡したら、I said I'll see you in a week. と、ちょっとむっとした感じでいわれてしまいました。この文の意味は「1週間たって」という意味だそうですが、どうしてそのような意味になるのですか。また、日にち（曜日）を表すのにどうして on が使われるのですか。さらに、ふだんは in the morning というのに、特定の朝になると on the morning of tenth のように変わるのもわかりません。

A. けっこういろんな興味深い疑問をお持ちですね。まず、in から見てみましょう。確かに、この in は基本的には「空間（時間）内に」という意味合いなので、in a week だと「1週間の内に」となるのが自然なはずですが、上の例では「1週間したら会う」と訳すのがふつうです。それはどうしてなのか、というのがここでの質問ですが、まず理解しておきたいことは、in a week そのものに「1週間の内に」という意味がまったくないというわけではありません。たとえば、There are seven days *in a week*. では当然、「1週間（の内）には7日あります」の意味になります。

ところが、上の Q の see（会う）や come back や call などのように継続性（状態性）を伴わない動詞だと、1週間の間ずっと行為が継続するわけではありません。そこで解釈上は in a week の a week をまとめて一種の所要時間と見なします。すると、自然な解釈としては、「1週間で」ぐらいの意味になるというわけです。もちろん、あえて「1週間以内に」といいたい場合には、within a week と within を使うのがふつうです。

次に、日にち（曜日）になぜ on を使うのかという質問ですが、こ

れは難しい問題で、現在の研究では、まだそこに意味的な必然性をうまく見つけることはできていません。というのは時間というものは、一種の線状の流れと考えられていますので、点としても幅としても把握しにくいからです。点であれば at を、幅であれば in を用いるというのは、十分必然性が感じられるのですが。

では、日にちや曜日などには、なぜ on なのでしょう。ここでいえることは、点でも幅でもない何か特定のときを表す必要性から、あえて便利な前置詞の on が導入されたのだと思います。ちなみに、数の限られている前置詞ですが、それらの中でも at, in, on の 3 つが 3 大基本前置詞と呼ばれ、最重要の前置詞であるというのも理由のひとつかも知れません。もっとも、その on の使われ方に「日にちや曜日などを固定する（接触させる）」という意味合いを読み取れば、on にも意味的な動機づけがある程度働いているということになりますが、「固定」といい切るのはちょっと強すぎるかもしれません。

最後の質問の *in* the morning と *on* the morning of tenth の違いですが、**on the morning of tenth** の場合、上で述べた「日にちや曜日などを固定する（接触させる）」という、何か特定のときを表す必要性という動機づけがある程度働いています。そのための動機となるものが「月曜日」や「来月 10 日」などの特定化された情報だと考えられます。用例を 1 つ見てみましょう。

> **A Public Forum will be held *on the morning of the 20th* for broadcast, followed by symposium sessions and working group sessions.** （放送用の公開フォーラムが 20 日の午前中に開催されます。そのあとは引き続き、シンポジウム部会とワーキンググループ部会が開かれます）

● 「毎日毎日」は day by day か？

Q. 「毎日毎日、同じ仕事ばっかりで退屈だし、いやになるよ」という日本語を、I feel boring and hate this job, because I do the same thing *day by day*. といったところ、この英文はおかしいといわれました。どこがまずいのですか。

A. 確かに辞書には day by day が「日ごとに」と出ていますので、day by day を every day のような感じで理解していると、上の Q のような英文でもよさそうな感じがしてしまいます。しかし、このように「毎日毎日」といっても、「来る日も来る日も」という繰り返しの意味を表すのは day after day が合っています。何となく形は似ていますが、意味はまったく違いますので、注意が必要です。

考え方としては、day by day の by は「～のそば」を表しますから、ある日のそばに次の日、また次の日と並びますが、注意したいのは、by によって隣の日が影響を受けて、「日ごとに」「一日一日と」変化していくという点です。by のこの影響力は、受身の文（p. 162 参照）などに強く見られますが、実は上の表現だけでなく、step by step や one by one など繰り返す表現に共通して見られます。前者なら「ひとつのステップにそばのステップが影響を与えて変化させる」というわけです。

一方、day after day のほうは、after が「～のあとに」を表しますので、「ひとつの日のあとに別の日が来る」、すなわち「来る日も来る日も」を意味することになり、単に同じような日にちが続いていくというわけです。したがって、上のように同じような仕事や単純な活動が繰り返されるときにはぴったりな表現になるわけです。ちなみに、ERI コーパスでこれらふたつの使われ方を見ますと、day by day が 8243 件、day after day が 2865 件ありますから、

Part 9　前置詞

前者のほうが約 4 倍近くよく使われていることがわかります。具体例を見てみましょう。

> A *day-by-day* look at the war in Iraq, archived after President Bush declared on May 1 that "major combat operations in Iraq have ended."（ブッシュ大統領が 5 月 1 日にイラクにおける主だった戦闘作戦は終結したと宣言してから以降に記録されているイラク戦争を日ごとに見る）
>
> *Day after day* miles and miles of railroad track night after night hummin' of the wheels their hummin' seems to say he'll follow you someday.（来る日も来る日も、鉄道線路を何マイルも何マイルも、毎夜毎夜、汽車の車輪のきしむ音、その音はいつの日かお前に続いていくよと歌っているようだ）

これらの用例を比較するだけでも、前者は日ごとに戦死者の数が増えていく刻々と変わって行く状況が、後者は何となくのんびりとしていて、何も変わらずにただ毎日同じ生活が過ぎていくという感じが伝わってきませんか。

● 「〜にちなんで(名づける)」になぜ **after** を使うのか？

Q. 「〜にちなんで」名づけたというときに、They *named* the boy Abe *after* Abraham Lincoln.（その子をエイブラハム・リンカーンにちなんでエイブと名づけた）のようにいいますが、どうして after を使うのでしょうか。

A. 実はこの name after の結びつきはかなり強く、name の動詞用法の 76% に達しています。

I'm looking for examples of bands *named after* members of the band that aren't the lead vocalist.（そのバンドのリード・ボーカルではないメンバーにちなんで名づけられたバンドの例を探しています）

この A name after B や name A after B は、いずれも「B のあとに A」が来るというその順序がカギとなっています。要は、先の人＝年上の人や先人の（時間的・時代的に）あとで、「その人にちなんだ名前をつける」という意味です。

同じことは、「〜に似ている」という意味を表す take after にも当てはまります。すなわち、先に生まれた人のあとに（**after**）生まれたという順序があり、そこに血のつながりから、「先に生まれている人」から何かを「取っている」、すなわち「似ている」という意味が出てくるわけですし、それは血のつながりのない友人同士が、ただ同じような感じで似ている（**resemble**）というのとはまったく違います。つまり、次のような言い方はできないということです。

×My good friend Bob *takes after* my younger brother.（親友のボブは僕の弟に似ている）

Part 9 前置詞

　この場合は、resemble を使います。この resemble の sem に注意してください。sem はもともと same（同じ）という意味ですから、「同じ人が再びあるような → 似ている」という関係だとわかります。

　同じように、名づけるときも先の人のあとに（= after）の意味がちゃんと働いています。

> Mary Cheney *takes after* her mother?（メアリー・チェニーは母親似なの？）
> He *takes after* his grandfather in that respect.（彼はその点で祖父に似ている）
> Your baby *takes after* you. When you're pregnant, what you do affects your baby's health.（あなたの赤ちゃんはあなたに似るんですよ。妊娠しているときは、あなたのすることが赤ちゃんに影響します）

　実際の用例でもわかりますように、take after はすべて血縁関係のある状況で使われています。

take after 〜

● 「過労で風邪をひく」は？

Q. 「過労がたたってひどい風邪をひいてしまった」という場合、英語で I've caught a terrible cold *with* overwork. と表現してみましたが、英語としてどうでしょうか。

A. このままですと、何とか意味をとれば、「働き過ぎているのと同時にひどい風邪をひいた」というような感じになります。with の基本的な意味は「ともにある；所有状態である」ということですから、「過労」というものを伴った「風邪」というものがあれば別ですが、そうでなければここでは不適切でしょう。ただし、同じ with でも次の文でそれが使えるのは、「ずっと風邪とともにある；彼女は風邪をずっと所有している状態にある」ということです。

　　You know what? Sue is in bed *with a nasty cold*!（おい、聞いたかい？　スーのやつ、いやな風邪を引いて寝てるってよ！）

　いずれにしましても、with ではもとの日本文にある「風邪が原因で」という部分がうまく出ません。このような場合、病気の「原因」を表すのに最もよく使われている前置詞は from になります。ここでも「過労」が風邪を引いた原因を表していますので、from を使えばいいわけです。すなわち、I've caught a terrible cold *from* overwork. とすればよかったわけです。

　もちろん、この文以外にも現実には、I've caught a terrible cold *because of* overwork. や I've caught a terrible cold *due to* overwork. なども使われています。

　人間でなく「過労」を主語にした英語らしい文の Overwork gave me a terrible cold. なども、状況次第では実にぴったりと日本文の意味を表す英語になるといえます。

Part 9 前置詞

コーパス上は、because of や due to の形式が多く使われており、from overwork は若干少なく、overwork を主語にした形式はその使用がかなり限定的になっています。

では、現実問題として、Qのようなことを会社の同僚などにいう場合、一体どの表現がよく使われるのでしょうか。

実は、この状況で最もよく使われる表現は、前置詞や接続詞を使わない次のような表現です。

I worked so hard. I've caught a terrible cold.

あるいは、I've caught a terrible cold. といってから、I worked too hard last week. や I had too much work last week. のように続ける形です。

なお、日常会話のコーパスで「風邪をひく」という表現を調べますと、have a cold, catch (a) cold, get (a) cold のような表現が出てきます。この中でアメリカ英語に関する限りは、最もよく使われているのは、get (a) cold です。

コーパスに、アメリカの食卓での会話で風邪のひきかけのときに、I'm getting cold. You are getting cold. Everybody's getting cold here!（私は風邪をひきかけてるし、あなたもよ。みんなひくわよ）というのがありました。実際にひいている場合には、My mom got cold. 以外に I've got a cold. のように have got 形で使われています。ちなみに、「治る」は、I finally got over that nasty cold!（やっとあのいやな風邪が治った）のように、get over がもっともよく使われています。このような事実を見ますと、get という動詞は日常実によく使われていることがわかります（p. 56 も参照して下さい）。

● die *from* 〜 と die *of* 〜

Q. 「〜が原因で亡くなる」という場合によく使われる die from 〜 と die of 〜 は、意味や使い方に何か違いがあるのでしょうか。

A. まず、from は「原因」といっても、もともと「〜出身の」という意味ですので、時間的にも距離的にも幅が感じられます。すなわち、何らかの病気などが原因で、時間的にも長患いの末に亡くなったような状況が連想されるわけです。それに対して、事故や怪我などで急に亡くなったような場合には、直接的なつながりを示唆する of が向いています。of は A of B では、「B から分離した A」（でも、まだつながりはあります。完全に切れていれば off になります）という直接関係を示します。たとえば、He *died of* a car accident. のような場合は、その場での即死か病院についてすぐに亡くなったような情景が思い浮かぶでしょう。

ただ、日常生活では結果として、よほどのことがなければいちいち長患いか即死かなどにはこだわらずに、「亡くなった」という事実そのものを重視しますので、これらの違いを厳密に使い分けるということはしていないようです。ちなみに、die （　） a car accident でコーパス用例の頻度を見ますと、die of 形式の 1 に対して die from が 2.5 となっており、後者の形式のほうが、ニュースなどでよく使われていることがわかります。

> The police claimed that she *died of a car accident.*（警察は彼女が交通事故で死んだと主張した）
> When Hugo *died from a car accident* in 1966, Enid returned to England to be near her daughters, and died in 1985.（ヒューゴが 1966 年に交通事故で亡くなったとき、エニッ

ドは娘たちの近くで暮らすために英国に戻り、その後、1985年に亡くなった）

では、「がんで亡くなる」ではどうでしょう。

Jerry Orbach, acclaimed as a quintessential New York actor for his work on Broadway, in films and as the star of television's "Law & Order," has *died from cancer*. He was 69.（典型的なニューヨークのブロードウェー俳優であり、映画俳優、そしてテレビドラマの『法と秩序』で活躍したジェリー・オーバック氏は、がんのために亡くなられました。享年69歳でした）

Comic Linda Smith, a regular panellist on BBC Radio 4's *The News Quiz*, has *died of cancer* at the age of 48.（BBCの4チャンネルのラジオ番組『ニュース・クイズ』のレギュラー出演者であったコメディアンのリンダ・スミスさんが、48歳でがんのため亡くなられました）

こちらではまったく逆で、die from のわずか 8 に対して、die of がその 10 倍以上の 100 という頻度の差がついています。がんは今でこそそれほど恐れることはないとされていますが、なった場合、他の病気以上に死亡率が高く、しかも発見時点で余命何ヵ月などといわれるような直接性がついてまわるため、of との結びつきが強いようです。

● 「ナウい」in と 「ダサい」out

Q. 先日、雑誌を見ていたら "In and Out" と出ていて、「ナウいものとダサいもの」となっていました。in と out にそんな意味があるのですか。

A. in や out そのものに、「ナウい」や「ダサい」という意味があるわけではありません。もともとはファッションなら This suit is *in fashion*.（このスーツは流行っています）という使われ方があって、スーツといえばファッションというのは暗黙で了解されますので、This suit is *in*. となり、その in が独立して「ナウい」「流行中の」となったものです。

同じように、「流行からはずれる」のは、This suit goes *out of fashion*. であり、それが This suit is *out*. という状態を表せば、out という語も「ダサい」「流行遅れの」という意味になることはおわかりになるでしょう。

このような考え方の根底には、具体的な in や out の使われ方のイメージがあります。それらに少し触れましょう。たとえば、こんもりと茂った木にリスがいるとします。それを英語では、The squirrel is *in the tree*. といいます。そしてそれが何かのきっかけで落ちれば、The squirrel falls *out of the tree*. となります。この fall out of the tree は、木の葉が茂っていてそこの空間に隠れていた（入っていた）ものが、その空間から出てくるイメージになります（of がない fall out the tree もよく使われています）。人間にしても、動物や木の実などのものにしても、いかにもこんもりと葉が茂った木の中から落っこちるというイメージを指しています。つまり、その場合、be in the tree が前提としてあるというわけです。このように木を入れ物と見て（見立てて）その中にいたり（木に登って

いる)、そこから出たり(落っこちたり)という描写はそのままほかのものにも応用できます。

　たとえば、茂った木に一生懸命に登るような感じは、一生懸命に彼女(彼)の気持ちの中に入る感じに似ていますね。そう見ていきますと、当然、彼女(彼)と努力して木に登った(愛し合っている)状態は We are *in love*. ということになりますね。ところが、うっかりと足を滑らせて木から落っこちる(破局する)ということが起こりえます。そうなると、文字通り、We fell *out of love*. となって「愛」や「恋」という木から落ちたというわけです。もっとも、恋は比ゆ的にはどうも木に登るように努力する感じではなく、We fell *in love*. でもわかりますように、「恋」という入れ物に理屈や努力無しに落っこちていくものみたいですね。確かに、英語にも Love is blind. (恋は盲目)ということわざがありますから、まあ好きになったらどんなに踏ん張っても落ちてしまうものみたいですね。

● 「ナイフで指を切る」は？

Q. 「ナイフで指をうっかり切ってしまった」というとき、英語でI cut my finger *with a knife*. といったところ、Were you trying to commit suicide? といわれてしまました。

A. 確かに、その日本語に対応する英語を考えると、先ほどの英語でよさそうな感じがしますが、これではwithが「道具を使って」という感じで、ナイフを使って何らかの理由からわざと指を切ったという意味にとられかねません。うっかり刃に触れたり当たったりして切れたのなら「接触」のonがちょうど合っていて、I cut my finger *on a knife*. とすればいいわけです。このwithは「持っている」という意味からもわかりますように、「慎重に長く所有している」意味合いが出ます。ですから、切るにしても、その道具を使ってじっくり確実に切ったという意味になります。「ただナイフで故意に」切ったのでなく、じっくり間違いなく切るという結果と、時間をかけるという意味合いがあります。これに対して、onはナイフの刃の部分にうっかり一瞬触れた、そして切れて血が出た、といったような感じなわけです。

では、野球のバットで球を打つ場合に、hit a ball *on a bat* とhit a ball *with a bat* との違いはどうでしょう。そうですね、前者ですとバットにボールが当たって飛んだ感じですし、後者ならあくまでバットを使ってじっくり当てて確実に飛ばしたということになりますね。

もうひとつやってみましょう。いま、K君がお金を持っているとして、I have some money *on me*. とI have some money *with me*. の違いはどうでしょうか。「少しだけどお金持ってるよ」という意味では同じですが、前者は「身体に触れる感じで」持っている

> Part 9 前置詞

わけですから、ポケットに突っ込むか、腰につけたコインケースかといったところでしょう。後者はきちんと財布に入れてポケットにしまっているか、場合によっては鞄の中に仕舞い込んであるかもしれません。前者なら、貸してといわれてすぐに取り出せるけど、後者ならちょっと待ってね、といって取り出すのにも時間がかかりそうです。

 If you are going to some small remote town and you are concerned, it's good to *have money on you* just in case. (もし、人里はなれた小さな町に行く予定で心配なら、万一のことを考えてお金を身につけておいたほうがいい)
 Make sure you *have money on you* to tip them! (チップであげるお金を持って歩いたほうがいい)
 It will be wise to *have money with you* in cash and travelers checks as well as a credit card. (クレジットカードはもちろん、現金とトラベラーズ・チェックも持っていったほうがいい)

 コーパス上は、on より with のほうが若干多く使われているようです。なお、先ほども述べましたように、on は無雑作にしまうという点で若者を中心に使われ、with は年代を問わずに幅広く使われています。この考え方は鍵 (key) や女性のクシ (comb) などを持ち歩く場合にも、同じように当てはまります。

● **among と between**

Q. 当選金を3人で分けるというのを英語でいう場合、次の英文はどれも使えるのでしょうか。よくわからないのですが...。
1. The sweepstake was divided *among* the three.
2. The sweepstake was divided *between* the three.
3. The sweepstake was divided *by* the three.
4. The sweepstake was divided *into* the three.

A. これらの前置詞の使い分けは難しいところもありますが、英語をものにする際には、どうしても乗り越えなければいけない重要な部分です。まず、betweenは、「二者」の「間」、amongは、「三者(以上)」の「間」に用いるのが原則です。したがって、*Between* you and me, he is not a Japanese.(内緒の話だが、彼は日本人ではないんだよ)とか、He appeared from *among* the trees.(彼は木々の間から出てきた)というのが典型的な用法です。しかし、amongには、「二者の間」に使うことはないのに対して、betweenは「三者(以上)の間」に使うこともあるという事実が話をややこしくしています。

これらはやはり微妙な点で使い分けがなされていますので、そこの部分をきちんとつかんでおく必要があります。たとえば、「条約」とか「契約」を結ぶとき、「三者の間」であっても、一挙に「三者」に及ばずに、「二者」同士を対象にして考えていくことがあります。そういう場合にbetweenを使うと、相互の結びつきが強くなることになります。すなわち、between A and B だけではなく、between A, B, and C, さらには、between A, B, C, and D もありうるわけです。ちなみに、このbetweenのtweenはもともとtwo (2つ)の意味を表しています。

Part 9　前置詞

　また、by the three は「3人のそばで」当選金が分けられているイメージで、実際に分けているのはそれらの3人だろうと関連づけることによって、「3人で分けた」という解釈が成り立つことになります。一方、into the three となりますと、「分けられた当選金」が「3人に流れ込む」感じで分配のイメージが出てきます。では、ここで1つ問題を出しましょう。

　次の(　)に適切なものを下から選んで入れてみてください。

　Cut this apple (　　) halves.
　(このリンゴをふたつに切ってください)
　1. out of　　2. in　　3. into　　4. to

　いかがですか。ここでは「切れ目を入れる」わけですから、out of や to はイメージ的に合いませんね。問題は in か into ですが、上の当選金を分けたイメージをうまく応用できましたか。ここで重要なことは「切った」結果、半分になったものがふたつ (a half + a half) なければならないということです。その意味からは cut ... into ... のつながりが自然になります。into の特に to のゴール感が働いて、「完全に切り離した」イメージが出ています。その状況では in は使えません。in なら切った状態を表すことになりますので、どうしても in half のように単数形で表します。もし halves なら前提として a half があるわけですが、単に無冠詞の half ならこれは半分という抽象的な状態でしかありません。なお、日常生活でこのように「半分に切る」というような状況では、into よりも in を使う形の cut in half が圧倒的に多く使われています。

● 「机に寄りかかる」は？

Q. 「この机に寄りかかってはいけない」というつもりで、Don't lean *against* the desk. といったところ、正しくないといわれました。では、次のどれが合っているのですか。
1. Don't lean *to* the desk.
2. Don't lean *at* the desk.
3. Don't lean *on* the desk.
4. Don't lean *over* the desk.

A. 面白いことに、言葉である現象や行為を表現しようとするときにカギになるのは、実はそれを実際に経験するとすればどういった感じになるのか、ということです。すなわち、机にもたれるといったとき、どういったイメージが浮かぶかというと、体がその机の平らな表面にまで覆いかぶさるような形になるでしょう。ということは、lean *over* the desk という表現が最も自然な形だというわけです。

さて、「〜にもたれる」といいましても、壁や塀などのように立ちはだかっているものに寄りかかる場合には、lean *against* the wall のように表現します。寄りかかっても立っている壁はびくともしませんので、against が合うわけです。「木にもたれる」も、lean *against* a tree でいいですね。

用例を見てみましょう。様子がありありと伝わってきます。

> Rosemary, laughing, *leaned against* the door. (ローズマリーは笑いながらドアに寄りかかっていた)

さらに、on は何かの「端」に寄りかかるというか、接触しているときに使うとぴったりします。どんな状況でしょうか。そうです

ね、「杖にもたれる」ときは lean *on* a stick といえばいいわけです。

では、日常会話などで、具体的に机に寄りかかる、もたれるという意味では一体どの表現が使われているのかをコーパスで調べてみましょう。結果は以下の通りです。

lean over	116
lean on	28
lean at	4
lean to	0
lean against	0

用例を机以外で見てみましょう。まず、トップになった lean over は、イメージ的には lean *over* to blow out the candle（キャンドルの火を吹き消すために身を乗り出す）などのような用例がわかりやすいと思います。また、体の屈伸運動（stretching）などのときに、この動作をよくします。次の用例はそんなときの描写です。

Lean over the front leg with the back straight. Repeat with the left leg in front. （右足を前に出して背筋を伸ばしたまま、その上に上体を屈めてください。次に左足を前に出して同じ動作を繰り返してください）

次の lean *on* ですが、この使われ方は実は具体的に寄りかかるような意味ではコーパス上はそれほど多くはありません。でも、比ゆ的な意味での「人に頼ったり、寄りかかる」という使われ方では、実は lean over 以上に使われています。Lean *on* me. （頼りになるよ）というのは日常実によく使われる表現で、音楽や詩などのタイトルでもよく目にします。

● 「木にぶつかる」は？

Q. 「その車は大木にぶつかった」というのを、The car crashed *with* a big tree. といったところ、その英文は正しくないといわれました。どういえばよかったのでしょうか。

A. 交通事故の様子を思い浮かべてください。ある乗用車がうっかり運転ミスして道路際の大きな木に衝突してしまいました。その場合、ぶつかるというのは、その木に力が加わって、その木も反発することになりますので、次のように against が合っています。with だと、木と仲良く一緒にというイメージで、反発している感じはしませんね。

  The car *crashed against* a big tree.

次に、信号機にぶつかったらどうでしょうか。この場合も、信号機はそこに設置してあって動かないのが特徴ですから、The car crashed *against* a traffic signal. のようになるのがふつうです。

では、この乗用車がトラックと思い切って正面衝突したらどうでしょう。どちらも動くものですから、木や信号機のように動かないものとの衝突とは違います。ここでは、「乗用車が大きいトラックの中へぶつかってめり込んだ」感じでしょうか。そうなると、英語でもそれは The car crashed *into* the truck. のように表現します。同じイメージは先ほどあげた木や信号機などにも、次のように一方的に突っ込んで行った状況なら使えることになります。

  While Kenny was driving a car, two peasants walked out on the road in front of him. He swerved, but hit them and *crashed into a tree.* All were killed. (ケニーが車を運転してい

Part 9　前置詞

ると、農夫がふたり、道路の目の前に出てきた。急いでハンドルを切ったが、ふたりを轢いてしまい、おまけに木に激突してしまった。全員死亡だった）

　ついでに、crash against の結びつきを実際の用例で調べますと、意外と多いのが、あの海の大波がごつごつした岩のある海岸に打ち寄せるイメージです。次のように使われています。

　Waves *crash against* the jagged coast in Monterrey.（モントレー地区で人々が大にぎわいの海岸を大波が襲う）

　最後に、この結びつきでよく使われる上位3つをコーパスで見てみますと、次のようになっています。これにはもちろん、具体的に交通事故や建物へぶつかったりといった場合だけでなく、比ゆ的な用法も含まれてはいますが、使われ方の傾向はわかると思います。

　　crash into　　　　121
　　crash through　　 14
　　crash against　　　6

　この crash through は、ぶつかってその対象物を壊して穴を開けたり、ふたつにしたような場合に使われます。次の用例でその感じがわかると思います。

　The van traveled over two small parking lots before it *crashed through* a fence.（そのバンはフェンスを完全に壊す前に2ヵ所小さな駐車場に寄っていた）

● 「川へ泳ぎに行く」は？

Q. John went swimming *in* the river. は「ジョンは川へ（に）泳ぎに行った」と訳されます。だとすると、どうして to the river ではだめなのですか。

A. 日本語訳を基準にして考えると、「川へ」なので to the river としてもおかしくないと考えがちです。ところが、英語では John went swimming . . . といえば、実はそれは John swam という事実を述べていることになるのです。そこで、John went swimming in the river, but somehow (he) didn't swim. といえば英語としては矛盾した英文になってしまいます。日本語の場合ですと、同じような意味の「ジョンは川へ泳ぎに行ったが、何らかの理由で泳がなかった」という文は特に問題はありません。これはどうしてでしょう。

先ほどの英文 John went swimming *in* the river. を細かく見ていきますと、John [[went [swimming in the river]] となります。the river は went にかかっているのではなく、swimming in the river を名詞句としてとらえる必要があります。そして、この go は「どこそこへ行く」というより「ある活動に入る」ぐらいの意味合いです。ですから、John went swimming to the river. は文法的ではないということになります。つまり、意味的には go ～ing でひとつの動詞のように考えておく必要があるわけです。

go swimming を上のように理解していきますと、John went to the river *to go swimming*. という、一見われわれ日本人には奇妙に感じられる言い方がなぜ可能なのかということもわかるでしょう。

ひとつ用例をあげておきましょう。有名な「マザーグース」に次のようなものがあります。訳に注目してください。over の使い方も

面白いですね。池の上をあちこち泳いで気がついたら遠くへ行っている感じが出ています。

> Three little ducks *went swimming* one day.
> Over the pond and far away.
> (ある日、3 羽のアヒルの子が泳ぎをしたよ
> 　池の上でスイスイ泳いで遠くまで行っちゃった)

go ～ing の形式は、レジャーに関連した動詞と相性がいいようです。go skiing, go hunting, go bowling, go shopping, go walking, go fishing, go camping などがその例です。逆に go listening to music だとか go learning English などの言い方には、無理があるようです。

コーパスで went swimming の結果を見ますと、100 万について 1491 件が出てきますので、日常会話でかなり頻出する表現であることがわかります。では、「泳ぎに行く；泳ぐ」という意味を表す表現でよく使われるものは、他にどのようなものがあるでしょうか。実は go for a swim が頻度数 1165 となっていて、go swimming に次ぐ使われ方です。具体例を見てみましょう。

> My son and I *went for a swim at the nearby nudist beach*. My son really enjoyed swimming and splashing with no swimming shorts on. I swam topless!(息子と私は近くのヌーディスト用の浜辺に泳ぎに行ったんです。息子は実に楽しく泳ぎましたし、水着を着ないでバシャバシャやっていました。私はブラジャーをつけずに泳ぎました)

索　引

和文索引

ア、カ行
受身形　162
過去形　104, 106, 108, 112, 141
過去進行形　108
過去分詞　163
数えられない名詞　18, 20, 22
数えられる名詞　2
仮定法　106
関係代名詞　38, 42, 44
冠詞　2, 4, 6, 18, 160
完了形　159
疑問詞　42, 44
疑問副詞　42
疑問文　42, 44
敬意表現　90
形容詞　130
現在完了形　104, 141
現在形　108
現在進行形　141
限定用法　130

サ行
使役　64
指示代名詞　36, 38
時制　106
集合名詞　26
主語　43, 44, 51
受動態　162
準動詞　98
省略　43
叙述用法　130
助動詞　114
接続詞　38
前置詞　63, 69, 72, 148
総称　5

タ、ナ行
代名詞　38, 40
抽象名詞　21
定冠詞　10, 12, 14
丁寧さ　112
動詞　50, 98, 99, 114
動名詞　60, 98, 100, 114
人称代名詞　37
能動形　162

ハ行
比較級　136
副詞　46, 63, 140
複数形　5, 46
不定冠詞　10, 14
不定詞　59, 64, 98, 100
不定代名詞　46
分詞　98

マ、ラ行
無冠詞　3, 6, 9, 19, 22, 181
名詞　50, 99, 101, 130
目的語　42, 44, 51
連語　32

英文索引

A
a/an　2, 4, 6, 10, 14, 18, 22, 160
a＋単数名詞　46
a piece of　20
about　72, 150, 165
above　156
afraid　132
after　168, 170
after all　144
against　182, 184
almost　140

already   105, 141
always   140
also   141
among   180
amusing   122
ancestry   27
any   40
anyone   40
arrive   54
as soon as   152
at   29, 69, 165, 167
at last   144
available   126
away   92

B
baggage   21
be 動詞   50
be expecting   88
be used to   114
be satisfied with   165
because   158
because of   173
begin   52
below   157
between   180
bite   81
brother   24
by   160, 162, 164, 168, 181
by car   160

C
can   112
chalk   21
cheap   120
clean   93
clear   92
climb   86
compel   65
convenient   126
could   112
crash against   185
crash into   185

crash through   185

D
damage   83
day after day   168
day by day   168
die from   174
die of   174
down   84
drink   80
due to   173

E
enjoy   122
enjoyable   122
evidence   20
examination   22
expect   88
expensive   120
express   124

F
finally   145
find   76
for   55
force   65
forget   60, 94
from   80, 159, 172, 174
funny   122
furniture   21

G
get   56, 66
get (a) cold   173
get to   54
give   77
go ～ing   186
go to church   7
go to school   7

H
have   66
have been to   102

have gone to 102
have to 114
hear 72
hear about 73
hear of 73
heart 32
help 64
high 120
home 28
hometown 28
house 28
how 42
hurt 82

I

I want 90
I was wondering if ～ 108
I wish 106
I wonder if ～ 108
if 106
imagery 27
in 23, 29, 63, 69, 148, 153, 166, 176, 181, 186
inexpensive 120
information 20
～ing 58, 100, 152
injure 82
interesting 122
into 181, 184
it 36

J

jewelry 27
journey 30

L

lean against 183
lean on 183
lean over 183
let 66
listen 73
listen to the radio 8
load 78

local 124
look 68, 70
look at 69
look for 69
low 120

M

machinery 27
make 65, 66
make a journey 30
make a tour 30
make a trip 30
mind 32
mistake 94

N

name A after B 170
no 134
no more ～ than ... 136
no more than 134
not more than 134
not so much ～ as ... 137

O

of 70, 72, 154, 165, 174
off 72, 155, 174
on 23, 63, 84, 148, 150, 152, 155, 161, 166, 178, 182
on foot 161
on ～ing 152
one 14
ought to 116
out 176
over 69, 156, 182, 186

P, Q

paint 78
play baseball 6
play the piano 4
play the violin 6
poem 26
poetry 26
proof 20

put 62
quiet 128

R
reach 54
remember 60
resemble 170

S
scenery 27
see 68
should 116
silence 18
silent 128
since 158
sister 24
sit 84
smell 70
so ～ that... 142
soul 32
spray 78
start 52

T
take after 170
taste 70
that 14, 36, 38, 77
the 4, 6, 8, 10, 12, 14, 18
the + 名詞 9
there 46
There is... 46
this 36

to 55, 64, 66, 73, 76, 100, 186
to 不定詞 76, 100
too 142
tour 30
travel 30
trip 30
twin 24

U, V
under 157
understand 94
up 86
use 114
used to 114

V
very 142

W, Y
want 58, 90
want ～ing 58
want to ～ 58
watch TV 8
which 42
who 44
will 112
with 153, 164, 172, 178, 184
within 166
would 112
wound 82
write 74
yet 105

〈著者紹介〉
阿部 一 (あべ　はじめ)

アイオワ州立大学大学院修了。専攻は応用言語学(特に、語彙意味論や文法論)。元獨協大学外国語学部、及び同大学院教授。現在、阿部一英語総合研究所所長。94–96 年、NHK ラジオ「基礎英語 3」講師。著書に『基本英単語の意味とイメージ』『ダイナミック英文法』『英会話の定番表現 505』(以上、研究社)、『8 音リスニング』(アイビーシーパブリッシング)、『アドバンストフェイバリット英和辞典』(共編、東京書籍)などがある。

「なぜ」から始める実践英文法

2007 年 5 月 30 日　初版発行

著者
阿部　一　(あべ・はじめ)
© Hajime Abe, 2007

KENKYUSHA
〈検印省略〉

発行者
関戸雅男

発行所
株式会社　研究社
〒102-8152　東京都千代田区富士見 2-11-3
電話　営業 (03)3288-7777(代)　編集 (03)3288-7711(代)
振替　00150-9-26710
http://www.kenkyusha.co.jp/

印刷所
研究社印刷株式会社

装丁
小島良雄

本文イラスト
上海公司

ISBN 978-4-327-45206-3　C1082　Printed in Japan